D0422372

Lexique de sports d'hiver

Winter Sports Glossary

179

Terminologie

Terminology

Canada

Cover

Skiers on a snowy mountain near Kimberly, British Columbia
(Supply and Services Canada — Photo Centre; Pat Morrow)

Couverture

Skieurs sur une montagne enneigée près de Kimberly, Colombie-Britannique
(Approvisionnements et Services Canada — Centre Photo; Pat Morrow)

Available in Canada through

Associated Bookstores
and other booksellers

or by mail from

Canadian Government Publishing Centre
Supply and Services Canada
Ottawa, Canada K1A 0S9

Catalogue No. S52-2/179
ISBN 0-660-53887-3

Price subject to change without notice.

En vente au Canada par l'entremise des

Librairies associées
et autres libraires

ou par la poste auprès du

Centre d'édition du gouvernement du Canada
Approvisionnements et Services Canada
Ottawa (Canada) K1A 0S9

No. de catalogue S52-2/179
ISBN 0-660-53887-3

Prix sujet à changement sans préavis.

Lexique de sports d'hiver

Winter Sports Glossary

Bulletin de terminologie 179

Terminology Bulletin 179

Hélène Gélinas-Surprenant

Données de catalogage avant publication (Canada)

Gélinas-Surprenant, Hélène.
Lexique de sports d'hiver / préparé par Hélène Gélinas-Surprenant = Winter sports glossary / prepared by Hélène Gélinas-Surprenant.

(Bulletin de terminologie = Terminology bulletin; 179)
Texte en anglais et en français.
Publié par le Bureau des traductions, Direction générale de la terminologie et des services linguistiques.
Comprend un index.
Bibliogr. : p.

ISBN 0-660-53887-3

1. Sports d'hiver — Dictionnaires anglais. 2. Jeux olympiques d'hiver — Dictionnaires anglais. 3. Anglais (Langue)—Dictionnaires français. 4. Sports d'hiver—Dictionnaires. 5. Jeux olympiques d'hiver—Dictionnaires. 6. Français (Langue)—Dictionnaires anglais. I. Canada. Secrétariat d'État du Canada. II. Canada. Bureau des traductions. Direction générale de la terminologie et des services linguistiques. III. Titre. IV. Titre: Winter sports glossary. V. Coll.: Bulletin de terminologie (Canada. Bureau des traductions. Direction générale de la terminologie et des services linguistiques); 179.

GV841.G44 1987 796.9'03
C88-099403-7F

Canadian Cataloguing in Publication Data

Gélinas-Surprenant, Hélène.
Lexique de sports d'hiver / préparé par Hélène Gélinas-Surprenant = Winter sports glossary / prepared by Hélène Gélinas-Surprenant.

(Bulletin de terminologie = Terminology bulletin; 179)
Text in English and French.
Issued by the Translation Bureau, Terminology and Linguistic Services Branch.
Includes index.
Bibliography: p.

ISBN 0-660-53887-3

1. Winter sports — Dictionaries. 2. Winter Olympics — Dictionaries. 3. English language — Dictionaries French. 4. Winter sports—Dictionaries—French. 5. Winter Olympics—Dictionaries—English. I. Canada. Dept. of the Secretary of State of Canada. II. Canada. Translation Bureau. Terminology and Linguistic Services Branch. III. Title. IV. Title: Winter sports glossary. V. Series: Bulletin de terminologie (Canada. Translation Bureau. Terminology and Linguistic Services Branch); 179.

GV841.G44 1987 796.9'03
C88-099403-7E

En hommage à tous les athlètes et à tous les artisans de ces grandes fêtes de l'amitié et de l'excellence que sont les compétitions sportives.

To the athletes and all those who have made it possible for these sporting competitions to become a great celebration of friendship and excellence.

Table des matières

Table of Contents

Avant-propos

Il y a quelques années, le gouvernement du Canada décidait d'accroître l'aide financière qu'il accordait au développement des athlètes amateurs.

Les résultats ne se sont pas fait attendre : athlétisme, aviron, canoë-kayak, curling, gymnastique, gymnastique rythmique, hockey, nage synchronisée, natation, patinage artistique, patinage de vitesse, plongeon, ski acrobatique, ski alpin, sports en fauteuil roulant et autres sports pour handicapés, sports équestres, tir et voile, autant de disciplines dans lesquelles des athlètes canadiens se sont mérité l'or dans des compétitions de haut niveau au cours des quatre dernières années.

Les succès obtenus ont incité plus de jeunes à la pratique des sports où leurs pairs avaient excellé. Les compétitions ont augmenté en nombre et l'intérêt du public pour les sports amateurs s'est accru, alimenté par diverses publications sur le sujet.

Le Canada étant un pays nordique, les adeptes des sports d'hiver y sont nombreux. Il est donc naturel que le besoin de terminologie dans ce domaine se fasse particulièrement pressant.

Foreword

A few years ago the Canadian government decided to allocate more funds for the development of amateur athletes.

The response of these athletes was not long in coming. Alpine skiing, canoeing, curling, disabled sports, diving, equestrian sports, figure skating, freestyle skiing, gymnastics, hockey, rhythmic gymnastics, rowing, sailing, shooting, speed skating, swimming, synchronized swimming, track and field, and wheelchair sports are all categories in which Canadian athletes have won first place in the past four years.

In turn, their successes have encouraged young people to take up these sports. As a result, the number of sports competitions has increased and public interest has grown, fuelled by various specialized publications.

Since winter sports are popular in Canada, it is not surprising that the need for terminology in this field has become pressing.

Le Bureau des traductions est fier de s'associer, par la publication du présent lexique, à tous les Canadiens qui unissent l'amour du sport à la recherche de l'excellence.

The Translation Bureau is proud to present this glossary, which we hope will be useful to Canadians who combine a love of sport with the pursuit of excellence.

Le sous-secrétaire d'État adjoint
(Langues officielles et Traduction),

Alain Landry

Assistant Under Secretary of State
(Official Languages and Translation)

Remerciements

L'auteure tient à exprimer sa gratitude à toutes les personnes qui ont participé à la préparation du présent ouvrage, que ce soit à la transcription, à la relecture, à la vérification des entrées, à la photocomposition ou aux détails de la présentation finale. Leur collaboration assidue a permis de mener l'entreprise à bonne fin.

Elle remercie également les associations canadiennes des disciplines sportives faisant l'objet du présent lexique pour la promptitude avec laquelle elles lui ont fait parvenir les documents dont elles disposaient.

Elle témoigne enfin sa reconnaissance à Francine Béland, chef des Services linguistiques d'OCO'88, ainsi qu'à tous les membres de son équipe, qui lui ont fourni des manuels de règles et des documents d'information, ou lui ont donné des précisions relatives aux règlements en vigueur.

Acknowledgments

The author wishes to express her gratitude to all who had a hand in the production of this glossary, in the transcription, proofreading, entry-checking, photocomposition and preparation-for-printing stages. Their care and hard work made it possible to bring the project to a successful conclusion.

She would also like to thank the Canadian sports associations concerned for their promptness in sending her the documentation that they had available.

Lastly, she would like to extend her sincere thanks to Francine Béland and the OCO'88 Language Services team for their help in providing rule books, informational material and explanations of regulations.

Introduction

Le *Lexique de sports d'hiver* regroupe la terminologie propre à la tenue de compétitions dans treize disciplines sportives d'hiver; en complètent le corpus, les termes communs aux sports sur patins et aux sports sur skis de même que les termes généraux s'appliquant à l'ensemble des disciplines.

Il a été préparé par Hélène Gélinas-Surprenant, terminologue au Secrétariat d'État, qui s'est inspirée du *Lexique de termes reliés aux disciplines sportives inscrites aux XVes Jeux Olympiques d'hiver* qu'elle a établi pour le Comité d'organisation de ces Jeux.

Le fonds terminologique provient, en grande partie, des données recueillies par le dépouillement des règlements en vigueur pour les disciplines concernées; une recherche poussée dans des ouvrages spécialisés a permis d'attester l'exactitude des équivalents et d'établir le reste de la nomenclature.

Le présent lexique n'est pas exhaustif; puisse-t-il simplement se révéler un outil de travail utile et de consultation agréable.

Introduction

The *Winter Sports Glossary* is a compilation of the terminology related to competitions in thirteen winter sports categories; terms common to skating and skiing events, along with general terms, complete the corpus.

This glossary was prepared by Hélène Gélinas-Surprenant, a terminologist with the Secretary of State Department, and is based in large part on the *Lexicon of Terms Related to the Sports of the XV Olympic Winter Games*, which she prepared for the Organizing Committee for the Calgary Games.

Most of the terms were found by scanning the regulations governing the categories covered by the glossary and by research in specialized works.

This glossary is not exhaustive; it is intended simply as a useful and easy-to-consult reference.

Guide d'utilisation

Le *Lexique de sports d'hiver* présente, dans l'ordre alphabétique absolu des termes anglais, la terminologie propre aux compétitions dans treize disciplines sportives d'hiver. Les termes commençant par un chiffre suivent la lettre « z »; l'index français renvoie aux pages où figure le terme et son équivalent anglais.

Chaque entrée est composée du code correspondant à la discipline ou au domaine d'utilisation, du terme anglais et de ses synonymes ainsi que des équivalents français. Au besoin, une explication ou une précision est ajoutée.

Les termes reliés aux disciplines sur patins et ceux qui le sont aux disciplines sur skis sont regroupés sous ST (Patinage — Généralités) et SK (Ski — Généralités) respectivement. Le code GN (Généralités) indique les termes communs à toutes les disciplines ou à plusieurs d'entre elles; dans ce dernier cas, une note en précise l'utilisation.

La terminologie relative à la composante « ski de fond » du biathlon et du combiné nordique se retrouve sous la catégorie XC (Ski de fond), alors que celle de la composante « saut à ski » du combiné nordique est intégrée à la catégorie SJ (Saut à ski).

La liste des signes graphiques utilisés et celle des codes établis sont données au début de l'ouvrage.

User's Guide

The *Winter Sports Glossary* presents, in strict alphabetical order by English entry, the terms related to thirteen competitive winter sports. Terms starting with a number follow the letter "z". The French index refers to page numbers.

Each entry is made up of a code corresponding to the category or field of use, the English term and its synonym(s), and the French equivalent and its synonym(s). An explanation or further details are given if necessary.

Terms related to skate sports and those related to ski sports are grouped together under ST (Skating — General) or SK (Skiing — General) respectively. The code GN (General) is used to identify terms common to all or several winter sports categories; in the latter case, a note explains their use.

Terminology related to the "cross-country skiing" component of the biathlon and the Nordic combined is found under category XC (Cross-country skiing), while terminology related to the "ski jumping" component of the Nordic combined is included in category SJ (Ski jumping).

The graphic symbols and codes used are given in tables at the beginning of the Glossary.

Signes graphiques

Point-virgule ;

: Sépare deux synonymes.
Ex. : HK rondelle; disque

: Sépare une appellation de son abréviation.
Ex. : XC Marathon canadien de ski; MCS

Parenthèse (...)

a) à la fin d'une entrée

: Annonce une explication.
Ex. : SP position debout (pour un départ arrêté)
BT position debout (pour tirer)

: Annonce une précision.
Ex. : LG lest (porté par le/la lugeur(euse))
BB lest (fixé au bob); poids (vissé à l'engin)

: Indique l'aire d'utilisation d'un terme.
Ex. : CL piste de curling; piste (Canada); terrain; rink de curling; rink (Europe)

b) encadrant un terme ou une lettre à l'intérieur d'une expression

: Signifie que l'expression se dit avec ou sans ce terme.
Ex. : AL bâton (de ski) brisé
AL fanions rouges (directionnels)

Graphic Symbols

Semicolon ;

: Separates two synonyms.
ex.: SK snowmaker; snow gun

: Separates an official title from its abbreviation.
ex.: XC Canadian Ski Marathon; CSM

: Separates two spelling variants of a term.
ex.: HK line-up; lineup

Parentheses (...)

a) after an entry

: Indicates an explanation.
ex.: SP standing position (for a standing start)
BT standing position (for shooting)

: Indicates a further specification.
ex.: LG ballast (attached to the weight vest)
BB ballast (fastened to the bob)

: Indicates a geographic label.
ex.: CL playoffs (Canada); play-offs (USA)

b) within an expression

: Means that the expression is used with or without this term.
ex.: AL broken (ski) pole
AL red (direction) flags

: Means that the word is written with or without this/these letter/s.
ex.: GN medal(l)ist
FI program(me) pattern

c) (s)

: Signifie que le terme s'utilise au singulier ou au pluriel, selon le contexte.
Ex. : FR saut périlleux simple avec vrille(s)
GN résultat(s) final(s)

: Signifie que le singulier est correct bien que le terme soit surtout employé au pluriel.
Ex. : GN installation(s)
SJ catégorie(s) d'âge

d) (e), (euse), (trice)

: Identifie la forme féminine.
Ex. : DS amputé(e)
LG lugeur(euse)
GN compétiteur(trice)

e) (un), (le)

: Distingue un substantif d'un adjectif, d'un verbe ou d'un adverbe.
Ex. : CL deuxième (le/la)
XC (le) pousse et glisse
HK avant (un); joueur d'avant

(le), (un), (en)

: Désigne un substantif qui, sans l'article ou la préposition, aurait un autre sens.
Ex. : SK position de recherche de vitesse; position de l'œuf; l'œuf
DS 4-traces (un(e)); skieur(euse) à 4 traces
XC style libre; libre (en)

Guillemets « … »

: Encadrent des termes utilisés soit au figuré soit dans un sens différent du sens courant.
Ex. : FI « mordant » de la carre

c) (s)

: Means that the term is used in either the singular or the plural, depending on the context.
ex.: FR single somersault with twist(s)
GN final result(s)

: Means that the concept exists in the singular, although the term is usually used in the plural.
ex.: GN facility(ies)
FI pair(s) skating

d) (to)

: Distinguishes the verb from the noun.
ex.: GN lap (of the course)
SP lap (to) (a skater)

e) (a), (the)

: Distinguishes a noun from a verb.
ex.: CL hit and roll (a)
XC push and glide (the)

(a)

: Indicates a noun which, without the article, would have another meaning.
ex.: DS 4-track (a); 4-track skier

Quotation marks " … "

: Indicate terms used figuratively or usually having a meaning different from the one in the expression given.
ex.: SK "hardware" (skis, ski boots, bindings, ski poles, etc.)

: Encadrent des expressions énoncées ou écrites par un officiel ou un analyste
Ex. : HK « et c'est le but! »; « il compte »
LG « n'a pas pris le départ »

: Indicate expressions stated or written by an official or a commentator.
ex.: HK "he scores!"
LG "did not start"

Barre oblique /

Oblique /

: Indique un choix entre des synonymes pouvant entrer dans une expression.
Ex. : HK rudesse contre la bande/clôture/rampe

: Separates synonymous terms in an expression.
ex.: HK alternate goaler/goalkeeper/goaltender/netminder

: Sépare les différentes graphies d'un terme à l'intérieur d'une expression.
Ex. : SJ catégorie senior/Senior

: Separates the spelling variants of a term in an expression.
ex.: GN colour/color commentator
HK starting line-up/lineup

: Sépare deux possibilités.
Ex. : HK ailier (gauche/droit)
HK commentateur (de la radio/télévision)

: Separates two possibilities.
ex.: HK winger (left/right)
HK announcer (radio/TV)

: Fait partie intégrante d'une appellation.
Ex. : SJ Association canadienne de ski/Saut à ski

: Is part of an official title.
ex.: SJ Canadian Ski Association/Ski Jumping

Double oblique //

Double oblique //

: Sépare les termes qui désignent les différents sauts exécutés en séquence dans une combinaison de sauts en patinage artistique.
Ex. : FI combinaison pirouette arabesque//pirouette assise

: Separates the different jumps performed in sequence in a combination of jumps in figure skating.
ex.: FI camel//sit combination

OBS Dans un texte courant, les termes qui désignent les sauts faisant partie d'une combinaison sont séparés par une simple oblique « / » ou par un tiret « —».

OBS In current usage, jumps that are part of a combination are separated by a single oblique (/) or by a dash (—).

Code	Discipline/domaine
AL	Ski alpin
BB	Bobsleigh
BT	Biathlon
CL	Curling
DS	Ski pour handicapés
FI	Patinage artistique
FR	Ski acrobatique
GN	Généralités
HK	Hockey
LG	Luge
ND	Combiné nordique
SJ	Saut à ski
SK	Ski — Généralités
SP	Patinage de vitesse - style olympique - courte piste
ST	Patinage — Généralités
XC	Ski de fond

Code	Sport/Category
AL	Alpine Skiing
BB	Bobsleigh
BT	Biathlon
CL	Curling
DS	Disabled Skiing
FI	Figure Skating
FR	Freestyle Skiing
GN	General
HK	Hockey
LG	Luge
ND	Nordic Combined
SJ	Ski Jumping
SK	Skiing — General
SP	Speed Skating - Olympic style - short track
ST	Skating — General
XC	Cross-Country Skiing

a

DS	able-bodied skier	skieur(euse) non handicapé(e)
DS	above-knee amputee; AK amputee	amputé(e) au-dessus du genou
GN	absolute record	record déterminant (nette amélioration de la marque antérieure)
FR	absorption (of moguls)	avalement (des bosses)
GN	acceleration	accélération
DS	accomplished skier	skieur(euse) accompli(e)
GN	accreditation of an official	accréditation d'un officiel
GN	accreditation processing	préparation des accréditations (traitement informatique) (peut signifier aussi : vérification des accréditations; remise des accréditations)
FI	accuracy of steps	précision des pas
SJ	accuracy of the measurements	exactitude des mesures
FR	accuracy of the timing	exactitude du chronométrage
FI	accuracy of tracing	netteté du tracé de la carre
HK	accurate pass	passe précise
CL	accurate sweeping	balayage approprié
GN	accurate time	temps précis
SP	ace hat; cap	bonnet de course; bonnet
FR	acrobatic jump; acrobatic leap	saut acrobatique
HK	across-the-ice pass	passe en diagonale
FI	action phase	phase d'action
SP	active rest phase	phase de repos actif
HK	actual playing time	temps de jeu écoulé (dans une partie)
FI	actual takeoff angle; resultant (component of a jump takeoff)	angle de départ véritable; résultante (composante de l'appel d'un saut)

SJ	acute angle (between legs and skis)	angle aigu (entre les jambes et les skis)
GN	additional entry	inscription d'un(e) participant(e) supplémentaire (Canada); enregistrement d'un(e) participant(e) supplémentaire (Europe)
SJ	additional entry (could be syn. of ''reserve'')	inscription additionnelle (peut être synonyme de « remplaçant »)
SJ	additional group	groupe supplémentaire
BB	additional help	aide de tiers
HK	additional penalty	pénalité supplémentaire; punition supplémentaire
GN	additional practice time	temps d'exercice supplémentaire; temps d'entraînement supplémentaire
LG	additional weight; supplementary weight	lest; poids complémentaire
LG	additional weight allowance; supplementary weight allowance	lest autorisé; poids complémentaire autorisé
BB	additional weight	poids complémentaire
GN	addition of times	addition des temps; totalité des temps
FR	addition to the start order	ajout à la liste de départ
SP	advance (to) a skater	faire passer un(e) patineur(euse)
SJ	advanced jumper	sauteur avancé; bon sauteur
FR	Aerial 360 (aerial jump)	saut de 360 degrés; un 360
FR	aerial course; aerial site	parcours pour les sauts
FR	aerial event	épreuve de sauts
FR	Aerial Leg Breaker (ballet)	Leg Breaker aérien (ballet)
FR	aerial manœuvre	manœuvre dans les airs
FR	aerials (an event)	sauts (une épreuve de ski acrobatique)
FR	aerial site; aerial course	parcours pour les sauts
LG	aerodynamic position (on the sled)	position aérodynamique (sur la luge)
DS	affect (to) edging	provoquer la prise de carre(s)

GN	affiliation fee	droit d'affiliation; droit d'enregistrement (selon les fédérations)
SP	against time	contre la montre
AL	aggregate time; total time	temps combiné
HK	aggressive player; tough player	joueur combatif
GN	AIB; Athlete Information Bureau	SIA; Service information — athlètes
HK	aim (to) (at the goal)	viser (le filet)
BT	aim (to) (at the target)	viser (la cible)
FR	air (ex.: Points given for "air" in aerials)	hauteur (élément jugé dans l'épreuve de sauts)
FR	air (ex.: Points given for "air" in moguls)	saut (élément jugé dans l'épreuve des bosses)
AL	airborne; in flight	dans les airs
CL	Air Canada Silver Broom (World Championship)	Balai d'argent Air Canada (Championnat mondial)
BB	air-drag coefficient	coefficient de la résistance à l'air
FR	airplane turn (aerial)	saut vertical
BT	air rifle	carabine à air comprimé; arme à air comprimé
FR	air rotation (ballet)	rotation dans les airs (ballet)
LG	airtight cloth (of speed suits)	tissu réduisant la résistance à l'air
DS	AK amputee; above-knee amputee	amputé(e) au-dessus du genou
HK	all-around player	joueur complet
AL	allow (to) to start provisionally	donner le départ sous réserve
SP	all-round championship	championnat toutes distances
HK	all-star team	équipe d'étoiles; équipe des étoiles
GN	all-time record	record de tous les temps
AL	Alpine Canada Alpin	Alpine Canada Alpin
AL	alpine combination; alpine combined (downhill and special slalom)	combiné alpin; Kandahar; combiné du Kandahar (descente et slalom spécial)

AL	alpine event	épreuve alpine
AL	alpine skier	skieur(euse) alpin(e)
AL	alpine skiing	ski alpin
AL	Alpine Technical Committee (of FIS)	Comité de technique alpine (de la FIS)
CL	alter (to) the course of a stone	modifier la trajectoire d'une pierre
FR	alternate (for the head judge)	remplaçant (du juge en chef)
HK	alternate goaler/goalkeeper/goaltender/netminder	gardien de but substitut
XC	alternating step (known as "diagonal stride")	pas alternatif
XC	altitude of the course; course altitude	altitude des pistes; altitude du parcours
FI	amateur member	membre amateur
HK	amateur player	joueur amateur
GN	amateur status	statut d'amateur; statut amateur
HK	amateur team	équipe amateur
FI	American Waltz (dance)	Valse américaine (danse)
BT	ammunition	munitions
DS	amputee	amputé(e)
GN	analyst; colourman/colorman; colour/color commentator (Radio/TV)	analyste (radio/télévision)
SK	anemometer; wind gauge	anémomètre
FI	angled force (on the ice)	force angulaire (sur la glace)
SP	angle in the legs	angle des jambes
FI	angle of entry (into a spin)	angle d'entrée (dans une pirouette)
BB	angle of inclination	angle d'inclinaison
FI	angle of slope (of the skating boot heel)	angle d'inclinaison (du talon de la chaussure de patinage artistique)

LG	angle of the runners	angle des patins
FI	angle of thrust	angle de poussée
FI	angular displacement	déplacement angulaire
FI	angular momentum	moment angulaire (inertie x vitesse)
FI	angular velocity	vitesse angulaire
AL	angulation	angulation
FI	ankle flex	flexion de la cheville
HK	ankle guard; ankle protector; ankle cup	chevillère
LG	ankle press on runner	pression de la cheville sur le patin
FR	announcement of manœuvre	annonce de la manœuvre; annonce du saut (à exécuter)
GN	announcement of time	indication du temps
GN	announcer	annonceur (Canada); speaker (Europe)
HK	announcer (attached to a stadium, an arena)	annonceur officiel (dit aussi « annonceur maison »)
HK	announcer (Radio/TV)	commentateur (de la radio/télévision)
GN	anti-drug control; anti-doping control	contrôle anti-dopage; contrôle anti-drogues
FR	apex (of a jump)	point culminant (d'un saut)
SP	apex block; apex marker	cône du sommet du virage; bloc du sommet du virage
GN	appeal	appel
GN	appeal body(ies)	instance(s) d'appel
SJ	application for extension of a hill certificate	demande de prolongation du certificat de conformité d'un tremplin
SK	appointment of a judge	nomination d'un juge
SJ	approved hill profile	profil du tremplin homologué; profil du tremplin approuvé; profil du tremplin autorisé

SJ	approved jumping hill (by FIS)	tremplin homologué (par la FIS)
FI	arabesque (a field movement)	arabesque (un mouvement de transition)
FI	arabesque spiral; side-by-side spiral	arabesque côte à côte; spirales arabesques (couple)
FI	arched position	position arquée (de la patineuse en couple, dans la spirale)
ST	arch support	renfort de cambrure
FI	arc of a jump	courbe d'un saut
GN	arena	patinoire; centre sportif
FI	Argentine Tango (dance)	Tango argentin (danse)
DS	arm amputee	amputé(e) d'un bras
GN	armband (for officials)	brassard (pour les officiels)
BT	armourer	maître-armurier; armurier
SP	arm swing	balancement des bras
BB	arrival curve	virage d'arrivée
XC	arrow	flèche de direction (le long des pistes)
GN	artificial cooling; artificial icing	réfrigération (de la piste)
ST	artificial ice (skating and curling)	glace artificielle (patinage et curling)
ST	artificial ice rink	patinoire de glace artificielle
GN	artificial run; artificial track (bobsleigh or luge track)	piste artificielle; piste réfrigérée; piste à structure de béton (piste de bobsleigh ou de luge)
SK	artificial snow	neige artificielle
SK	artificial snowmaker	canon à neige
FI	artistic impression	présentation artistique (à retenir); impression artistique (à éviter)
HK	assess (to) a penalty; give (to) a penalty; penalize (to)	infliger une pénalité; infliger une punition; pénaliser
SP	assign (to) entrants to heats	répartir les participants(es) pour les éliminatoires

HK	assist (an)	aide; passe
LG	assistant announcer	adjoint à l'annonceur
LG	assistant chairperson	vice-président
FR	assistant chief of calculations	chef des calculs adjoint
SP	assistant chief official	assistant officiel en chef
LG	assistant chief of timing	adjoint au chef du chronométrage
BB	assistant chief of weighing	adjoint au chef de la pesée
SP	assistant chief referee	assistant arbitre en chef
GN	assistant chief starter	assistant chef de départ (Canada); assistant starter en chef (Europe); starter adjoint (Europe)
HK	assistant coach (of a hockey team)	entraîneur adjoint (d'une équipe de hockey)
AL	assistant course setter	traceur adjoint
LG	assistant for weighing-in	adjoint au responsable de la pesée officielle
LG	assistant race director	directeur adjoint de l'épreuve
GN	assistant referee	arbitre assistant (FIS); arbitre adjoint (Canada)
LG	assistant for runner measurements	adjoint au mesurage des patins
AL	assistant of the chief of calculations	adjoint au chef des calculs
GN	assistant starter	chef de départ adjoint (Canada); assistant starter (FIS et Europe)
GN	assistant timekeeper	chronométreur adjoint
GN	associate	adjoint(e); collaborateur(trice)
FI	asymmetrical turn	virage asymétrique
GN	at high speeds	à (très) hautes vitesses
GN	athlete	athlète
GN	Athlete Information Bureau; AIB	Service information — athlètes; SIA
HK	athletic support; jock-strap (Canada); jockstrap (USA)	coquille

HK	atom player	joueur atome; atome (un)
HK	attack	attaque
HK	attack (to) at full speed; blast off (to)	se lancer à l'attaque
HK	attacking line	ligne d'attaque
HK	attacking zone	zone d'attaque
HK	attempt to injure (infraction)	agression grave (infraction)
GN	attire	tenue; habillement
FI	attitude (a classic field movement)	attitude (un mouvement de transition classique)
FI	attitude (for ice dancing)	position (pour la danse)
GN	authorized official	officiel autorisé
FR	authorized qualification list (aerials)	liste des sauts autorisés
SK	automatic heel release	talonnière à déclenchement automatique
BT	automatic rifle	fusil automatique
SK	avalanche	avalanche
FI	average dancer	danseur(euse) moyen(ne)
SJ	average difference	différence moyenne
SK	average incline	pente moyenne; inclinaison moyenne
GN	average result	résultat moyen
SK	average slope	inclinaison moyenne; pente moyenne
HK	avoid (to) a bodycheck; dodge (to) a bodycheck	esquiver une mise en échec; esquiver un plaquage
GN	award-giving ceremony	cérémonie de remise de(s) prix
SJ	award (to) the same place to two jumpers	mettre deux sauteurs au même rang au classement; classer deux sauteurs au même rang
HK	away game; road game	match à l'étranger; partie à l'étranger; match sur la route; partie sur la route

FR	Axel (ballet jump)	Axel (saut de ballet)
FI	Axel; axel	Axel; saut Axel
FI	Axel//half loop//double Salchow (combination jumps)	Axel//demi-boucle//double Salchow (combinaison de sauts)
FI	Axel//loop combination jumps	combinaison de sauts Axel//saut de boucle
FI	Axel Paulsen (a jump); Axel (short for "Axel Paulsen")	Axel; Axel Paulsen; saut Axel; saut Axel Paulsen
FI	Axel Paulsen lift	levée Axel; levée Axel Paulsen
FI	axis	axe
FI	axis of rotation	axe de rotation
SJ	axis of the (jumping) hill	axe de la piste de saut
FI	axis stroking	poussée le long de l'axe

b

FI	B; backward	AR; arrière
HK	back	arrière; joueur de défense
FI	backbend spin	pirouette dos cambré; pirouette cambrée
FR	back big kicker (type of jump for two back aerial manœuvres)	grand tremplin pour sauts périlleux arrière
CL	backboards; bumpboards; bumpers	amortisseurs; pare-chocs
FI	back camel; back camel spin	pirouette arabesque arrière
FI	back camel position	position de la pirouette arabesque arrière
HK	backchecking	échec arrière
FI	back crossover; back crosscut; backward crossover; backward crosscut	croisé arrière
FI	back death spiral; backward death spiral	spirale de la mort arrière
FI	back edge; backward edge	courbe arrière

FR	backflip (ballet)	culbute arrière (ballet)
FR	back full twist; back full (aerial jump)	saut périlleux arrière avec vrille complète
HK	backhand hit	coup du revers
HK	backhand pass	passe du revers
HK	backhand shot	lancer du revers; tir du revers
HK	backhand stop	arrêt du revers
HK	backhand sweep shot	lancer balayé du revers; tir balayé du revers
FI	back hop; backward hop	saut arrière
FI	back inside; backward inside; BI	arrière intérieur; ARI; intérieur(e) arrière (dans une expression)
FI	back inside bracket	accolade intérieure arrière
FI	back inside circle; backward inside circle	cercle intérieur arrière
FI	back inside edge; backward inside edge; BI edge	carre intérieure arrière; carre ARI
FI	back inside edge; backward inside edge; BI edge (one of the 4 basic edges)	courbe intérieure arrière; courbe ARI (une des 4 courbes de base)
FI	back inside (figure) eight; backward inside (figure) eight; BI (figure) eight (one of the 4 basic figure eights)	figure huit intérieure arrière; figure huit ARI; huit intérieur arrière; huit ARI (une des 4 figures huit de base)
FI	back inside landing; backward inside landing; BI landing	réception intérieure arrière; réception ARI
FI	back inside lean; backward inside lean; BI lean	inclinaison intérieure arrière; inclinaison ARI
FI	back inside-outside change	changement intérieur-extérieur arrière
FI	back inside pushoff; backward inside pushoff	poussée de départ intérieure arrière
FI	back inside pushoff edge; backward inside pushoff edge	carre de poussée de départ intérieure arrière
FI	back inside takeoff; backward inside takeoff; BI takeoff	appel intérieur arrière; appel ARI

FI	back inside takeoff edge; backward inside takeoff edge	carre d'appel intérieure arrière
FI	back inside three; backward inside three; BI three	trois intérieur arrière; trois ARI
FI	back inside three turn; backward inside three turn; BI three turn	virage trois intérieur arrière; virage trois ARI
FI	back inside turn; backward inside turn; BI turn	virage intérieur arrière; virage ARI
FR	back kicker (type of jump for aerial manœuvres)	tremplin pour sauts périlleux arrière
FR	back layout (aerial jump)	saut périlleux arrière position étendue
CL	back line	ligne arrière
FR	back medium kicker (type of jump for back aerial manœuvres)	moyen tremplin pour sauts périlleux arrière
CL	back of the house	arrière de la maison
FI	back one-foot eight; backward one-foot eight	huit arrière sur un pied
FI	back one-foot figure eight; backward one-foot figure eight	figure huit arrière sur un pied
FI	back one-foot spin; backward one-foot spin	pirouette arrière sur un pied
FI	back outside; backward outside; BO	arrière extérieur; ARE; extérieur(e) arrière (dans une expression)
FI	back outside circle; backward outside circle	cercle extérieur arrière
FI	back outside edge; backward outside edge; BO edge	carre extérieure arrière; carre ARE
FI	back outside edge; backward outside edge; BO edge (one of the 4 basic edges)	courbe extérieure arrière; courbe ARE (une des 4 courbes de base)
FI	back outside (figure) eight; backward outside (figure) eight; BO (figure) eight (one of the 4 basic figure eights)	figure huit extérieure arrière; figure huit ARE; huit extérieur arrière; huit ARE (une des 4 figures huit de base)
FI	back outside landing; backward outside landing; BO landing	réception extérieure arrière; réception ARE

FI	back outside lean; backward outside lean; BO lean	inclinaison extérieure arrière; inclinaison ARE
FI	back outside takeoff; backward outside takeoff; BO takeoff	appel extérieur arrière; appel ARE
FI	back outside three; backward outside three; BO three	trois extérieur arrière; trois ARE
FI	back outside three turn; backward outside three turn; BO three turn	virage trois extérieur arrière; virage trois ARE
FI	back outside turn; backward outside turn; BO turn	virage extérieur arrière; virage ARE
FR	back (part of a mogul)	revers (d'une bosse)
HK	back pass; backward pass	passe arrière; passe par derrière
FI	back pivot; backward pivot (man in spiral figures)	pivot arrière (homme dans les figures de la spirale)
BB	back point of runner	pointe arrière du patin
FR	Back Pole flip (ballet)	saut périlleux arrière en appui sur les bâtons (ballet)
FI	back position	position arrière
CL	back ring(s)	cercle(s) arrière
BB	back runner	patin arrière; patin postérieur
FR	Back Scratcher (aerial jump)	Back Scratcher (saut)
FI	back sit; back sit spin	pirouette assise arrière
XC	backslip (to)	glisser en arrière; glisser à reculons
FR	back small kicker (type of jump for back aerial manœuvres)	petit tremplin pour sauts périlleux arrière
FR	back somersault (aerial jump)	saut périlleux arrière
FI	back spin; back spinning	pirouette arrière
BT	backstop	pare-balles; butte de tir
SP	back straight	ligne droite opposée
CL	backswing	élan arrière; mouvement arrière
HK	backswing	élan arrière

FI	back toe hop; backward toe hop	saut arrière piqué
FI	back toe jump; backward toe jump	saut piqué arrière
HK	backtrack (to)/come back (to)/withdraw (to) into one's territory/zone	se replier dans son territoire/sa zone
FR	back tuck (aerial jump)	saut périlleux arrière groupé; saut périlleux arrière position groupée
FI	back upright (spin)	pirouette verticale arrière
GN	backup timekeeping	chronométrage d'appoint
FI	backward; B	arrière; AR
FI	backward attitude	position arrière
FI	backward change of edge	changement de carre arrière
FI	backward crossover/crosscut; back crossover/crosscut	croisé arrière
FI	backward dance position	position de danse vers l'arrière
FI	backward death spiral; back death spiral	spirale de la mort arrière
FI	backward edge; back edge	courbe arrière
FI	backward glide	glissé arrière
FI	backward hop; back hop	saut arrière
FI	backward inside; back inside; BI	arrière intérieur; ARI; intérieur(e) arrière (dans une expression)
FI	backward inside circle; back inside circle	cercle intérieur arrière
FI	backward inside edge; back inside edge; BI edge	carre intérieure arrière; carre ARI
FI	backward inside edge; back inside edge; BI edge (one of the 4 basic edges)	courbe intérieure arrière; courbe ARI (une des 4 courbes de base)
FI	backward inside (figure) eight; back inside (figure) eight; BI (figure) eight (one of the 4 basic figure eights)	figure huit intérieure arrière; figure huit ARI; huit intérieur arrière; huit ARI (une des 4 figures huit de base)
FI	backward inside landing; back inside landing; BI landing	réception intérieure arrière; réception ARI

FI	backward inside lean; back inside lean; BI lean	inclinaison intérieure arrière; inclinaison ARI
FI	backward inside pushoff; back inside pushoff	poussée de départ intérieure arrière
FI	backward inside pushoff edge; back inside pushoff edge	carre de poussée de départ intérieure arrière
FI	backward inside step down	sortie intérieure arrière
FI	backward inside takeoff; back inside takeoff; BI takeoff	appel intérieur arrière; appel ARI
FI	backward inside takeoff edge; back inside takeoff edge	carre d'appel intérieure arrière
FI	backward inside three; back inside three; BI three	trois intérieur arrière; trois ARI
FI	backward inside three turn; back inside three turn; BI three turn	virage trois intérieur arrière; virage trois ARI
FI	backward inside turn; back inside turn; BI turn	virage intérieur arrière; virage ARI
FI	backward L (a Schaeffer push)	L extérieure arrière (une poussée Schaeffer)
FI	backward landing	réception arrière
FI	backward lean	inclinaison arrière
FI	backward loop	boucle arrière
FI	backward L pushoff	poussée de départ en L extérieure arrière
FI	backward momentum	impulsion arrière
FI	backward one-foot eight; back one-foot eight	(figure) huit arrière sur un pied
FI	backward one-foot figure	figure arrière sur un pied
FI	backward one-foot figure eight; back one-foot figure eight	figure huit arrière sur un pied
FI	backward one-foot spin; back one-foot spin	pirouette arrière sur un pied
FR	Backward One-Ski (ballet)	rotation arrière sur un ski (ballet)

FR	Backward One-Ski (edgeset on uphill ski) (takeoff and manœuvre in ballet)	rotation arrière sur un ski (prise de carres sur le ski amont) (envol et manœuvre en ballet)
FI	backward outside; back outside; BO	arrière extérieur; ARE; extérieur(e) arrière (dans une expression)
FI	backward outside circle; back outside circle	cercle extérieur arrière
FI	backward outside edge; back outside edge; BO edge	carre extérieure arrière; carre ARE
FI	backward outside edge; back outside edge; BO edge (one of the 4 basic edges)	courbe extérieure arrière; courbe ARE (une des 4 courbes de base)
FI	backward outside (figure) eight; back outside (figure) eight; BO (figure) eight (one of the 4 basic figure eights)	figure huit extérieure arrière; figure huit ARE; huit extérieur arrière; huit ARE (une des 4 figures huit de base)
FI	backward outside-inside change (of edge); BOI change (of edge)	changement de carre extérieure-intérieure arrière; changement de carre AREI
FI	backward outside landing; back outside landing; BO landing	réception extérieure arrière; réception ARE
FI	backward outside lean; back outside lean; BO lean	inclinaison extérieure arrière; inclinaison ARE
FI	backward outside pivot (man in spiral figures)	pivot extérieur arrière (homme dans les figures de la spirale)
FI	backward outside step down	sortie extérieure arrière
FI	backward outside takeoff; back outside takeoff; BO takeoff	appel extérieur arrière; appel ARE
FI	backward outside three; back outside three; BO three	trois extérieur arrière; trois ARE
FI	backward outside three turn; back outside three turn; BO three turn	virage trois extérieur arrière; virage trois ARE
FI	backward outside turn; back outside turn; BO turn	virage extérieur arrière; virage ARE
FI	backward paragraph figure	figure paragraphe arrière
HK	backward pass; back pass	passe arrière; passe par derrière

FI	backward pivot; back pivot (man in spiral figures)	pivot arrière (homme dans les figures de la spirale)
FI	backward progressive	pas progressif arrière
FI	backward progressive stroke	poussée progressive arrière
FI	backward pushoff	poussée de départ arrière
FI	backward spin	pirouette arrière
FI	backward spinning position	position de pirouette arrière
FI	backward stopping	arrêt arrière
FI	backward stroking	poussée arrière
SP	backward swing	balancement vers l'arrière (d'un bras)
FI	backward T (a Schaeffer push)	T extérieure arrière (une poussée Schaeffer)
FI	backward takeoff edge	carre d'appel arrière
FI	backward three	trois arrière
FI	backward thrust	poussée arrière
FI	backward toe hop; back toe hop	saut arrière piqué
FI	backward toe jump; back toe jump	saut piqué arrière
FI	backward T pushoff	poussée de départ en T extérieure arrière
FR	Backward Two-Ski (takeoff and manoeuvre in ballet)	rotation arrière sur deux skis (envol et manœuvre en ballet)
GN	badge (for officials)	insigne (pour les officiels)
XC	bail	arc (partie de la fixation qui retient la semelle de la chaussure); fourchette
GN	balance	équilibre
FR	balance (basic element of mogul skiing)	équilibre (élément de base du ski sur bosses)
FI	balanced pattern	tracé équilibré
SK	balance line (of a ski)	ligne d'équilibre (du ski); centre de gravité (du ski)

SK	balance point (of a ski)	point d'équilibre (du ski); centre de gravité (du ski)
FI	balance point (on blade)	centre d'équilibre (sur la lame)
SP	balancing point; centre of gravity	centre de gravité; point pivot; centre de pression
SP	ballast	lest
LG	ballast (attached to the weight vest)	lest (porté par le/la lugeur(euse))
BB	ballast (fastened to the bob)	lest (fixé au bob); poids (vissé à l'engin)
BB	ballast (to) a bob	lester un engin; lester le véhicule; lester un bob; lester un bobsleigh
FR	ballet (an event)	ballet (une épreuve de ski acrobatique)
FR	ballet course; ballet site	parcours de ballet; parcours pour le ballet
FR	ballet event	ballet (l'épreuve); épreuve de ballet
FR	ballet program(me)	programme de ballet; routine de ballet
FR	ballet routine	routine de ballet
FR	ballet site; ballet course	parcours de ballet; parcours pour le ballet
FR	ballet skiing	ballet
XC	balling-up; clumping (of snow under ski); snow buildup	bottage (de la neige sous les skis)
BB	banked curve	courbe relevée
LG	banked curve	virage relevé
AL	banner (on downhill, GS and Super G gates)	banderole (portes de descente, de slalom géant et de Super G)
HK	bantam player	joueur bantam; bantam (un)
BT	barrel	canon
SK	base (of a ski)	semelle (d'un ski)
LG	base of track	fond de piste (5 cm de neige mouillée qui tourne en glace)

FR	basic balanced position; B.B.P.	position d'équilibre de base
FI	basic dance hold	prise de base de la danse sur glace; position fondamentale pour tenir son/sa partenaire en danse
FI	basic dance position (forward, backward, in unison)	position fondamentale de danse (vers l'avant, vers l'arrière, à l'unisson)
FI	basic dance step	pas fondamental de danse
FI	basic edge; primary edge (there are 4)	courbe de base (il y en a 4)
FI	basic figure eight (there are 4)	figure huit de base (il y en a 4)
FI	basic pair hold	prise de base du patinage en couple
FR	basic parallel position	position de base en parallèle; position parallèle de base
FR	basic parallel turn	virage de base en parallèle; virage en parallèle de base
FR	basic takeoff position	position d'envol de base
SK	basket (of a ski pole)	panier (d'un bâton de ski)
FR	B.B.P.; basic balanced position	position d'équilibre de base
XC	beartrap binding; rattrap binding	fixation de type souricière
HK	beat (to) a goaler	déjouer un gardien de but
HK	beat (to) an opponent; defeat (to) an opponent	battre un adversaire; défaire un adversaire; vaincre un adversaire; l'emporter
SJ	before the takeoff (of the skier)	avant l'envol du skieur
SJ	before the takeoff (on the jumping hill)	au début de la table du tremplin
GN	beginning of a competition	début d'une compétition
SJ	beginning of a jump (with takeoff)	début d'un saut (avec l'envol)
XC	beginning of the finish area	début de l'aire d'arrivée; début de la zone d'arrivée
FI	beginning pose	position de départ
HK	begin (to) a play; start (to) a play	amorcer un jeu

SP	bell lap	dernier tour de piste (de la patinoire ou de l'anneau de vitesse)
XC	bell lap (in a x-c relay)	dernier tour (dans un relais de ski de fond)
DS	below-knee amputee; BK amputee	amputé(e) au-dessous du genou
HK	bench (to) a player	laisser un joueur sur le banc
HK	bench minor penalty	pénalité/punition mineure infligée à l'équipe
HK	benched player	joueur laissé sur le banc
SK	bend	virage
SJ	bent back	dos cassé
SJ	bent knees	genoux pliés
HK	be (to) penalized; draw (to) a penalty	être pénalisé; être puni; être chassé (du jeu); écoper d'une pénalité; écoper d'une punition
GN	best cumulative time	meilleur temps cumulé
SJ	best inrun conditions	piste d'élan à son meilleur
HK	best of five series	trois de cinq (matchs); série trois de cinq
HK	best of seven series	cinq de sept (matchs); série cinq de sept
HK	best of three series	deux de trois (matchs); série deux de trois
GN	best personal time	meilleurs temps d'un participant(e)
ND	best points score (220) (when cross-country precedes jumping)	marque accordée au meilleur fondeur (220) (lorsque le ski de fond précède le saut)
GN	best time	meilleur temps
SJ	between the feet in telemark position	point médian entre les pieds en position de télémark
FI	BI; backward inside; back inside	ARI; arrière intérieur (dans une expression : intérieur(e) arrière)
BT	biathlete	biathlonien(onienne); biathlète

BT	biathlon	biathlon
BT	biathlon calendar	calendrier des épreuves de biathlon
BT	Biathlon Canada	Biathlon Canada
BT	Biathlon Competition Rules	Règlement pour les compétitions de biathlon
BT	biathlon course	parcours de biathlon; piste de biathlon
BT	biathlon race	course de biathlon
BT	biathlon range	champ de tir de biathlon
BT	biathlon relay	relais en biathlon; relais de biathlon
GN	bib	dossard
GN	bib draw	tirage au sort des numéros de dossard
GN	bib number	numéro de dossard; dossard no
FR	Bicycle (aerial jump)	Bicyclette (saut)
FI	BI edge; back inside edge; backward inside edge (one of the 4 basic edges)	courbe ARI; courbe intérieure arrière (une des 4 courbes de base)
FI	BI (figure) eight; back inside (figure) eight; backward inside figure eight (one of the 4 basic figure eights)	figure huit intérieure arrière; figure huit ARI; huit intérieur arrière; huit ARI (une des 4 figures huit de base)
FI	Bielmann spin	pirouette Bielmann
FR	Bielmann spin (ballet)	vrille Bielmann (ballet)
CL	big end	grosse manche; gros bout
FR	big kicker (back) (type of jump for two back aerial manœuvres)	grand tremplin pour sauts périlleux (arrière)
HK	big save; key save	arrêt clé
DS	bilateral amputee	amputé(e) des deux jambes
XC	binder wax	fart liant
GN	binding decision	décision exécutoire
SK	bindings	fixations

HK	birdcage; wire face mask	grille protectrice
CL	biter (said of a stone)	mordeuse (se dit de la pierre)
CL	bite (to) the back line	mordre (sur) la ligne arrière
FI	biting edge (of the blade)	« mordant » de la carre
FI	BI turn; backward inside turn	virage intérieur arrière; virage ARI
DS	BK amputee; below-knee amputee	amputé(e) au-dessous du genou
ST	blade (of skate)	lame (du patin)
HK	blade (of stick)	lame (du bâton)
ST	blade guard	protège-lame
ST	blade length	longueur de lame
CL	blank end	manche blanche
CL	blanking an end	blanc intentionnel
BT	blank shot	coup à blanc
HK	blank (to) an opponent; shut out (to) an opponent	blanchir un adversaire; battre un adversaire à zéro
HK	blast off (to); attack (to) at full speed	se lancer à l'attaque
HK	blazing shot; blistering shot	lancer/tir à bout portant; lancer/tir fracassant; boulet
AL	blind gate; closed gate (a vertical gate)	porte fermée (une porte verticale)
HK	blind pass	passe à l'aveuglette
DS	blind skier	skieur(euse) aveugle
HK	blistering shot; blazing shot	lancer/tir à bout portant; lancer/tir fracassant; boulet
SP	block; marker (of rubber, wood or other suitable material)	bloc; cône (en caoutchouc, en bois ou autres matériaux appropriés); parfois « marque » (utilisés comme balises)
AL	blocked course	piste obstruée
HK	blocked pass; intercepted pass	passe interceptée; passe neutralisée; passe bloquée
HK	block (to) the puck	bloquer le disque/la rondelle

GN	blood pressure	tension artérielle
SK	blowtorch	chalumeau
AL	blue gate	porte bleue
HK	blue line; blueline	ligne bleue
SJ	blue line (marking norm point P)	ligne bleue (indiquant le point de norme P)
FI	Blues (dance)	Blues (danse)
HK	blue spot	point bleu
FI	BO; back outside; backward outside	ARE; arrière extérieur (dans une expression : extérieur(e) arrière)
HK	board-check (to)	rudoyer contre la bande/clôture/rampe
HK	boarding; board-check(ing)	rudesse contre la bande/clôture/rampe
HK	boards	bande; clôture; rampe
BB	bob	bob
BB	bob chassis	châssis
BB	bob crew; crew; bobsledders	équipage d'un bob
BB	boblet	bob à deux (l'engin); boblet
BB	bob on the road	bob sur route
BB	bob run; bobsleigh run; bob track; bobsleigh track	piste de bobsleigh
BB	bobsled; bob	engin (générique); bobsleigh (spécifique); bob
BB	bobsledder	bobeur; bobbeur
BB	bobsledders; crew; bob crew	équipage d'un bob
BB	bobsleigh	bobsleigh
FR	body actions	mouvements du corps
FI	body alignment	alignement du corps; position du corps

HK	bodycheck (Canada); body check (Canada and USA)	mise en échec; plaquage
HK	bodycheck (to) (Canada); body-check (to) (USA)	mettre en échec; plaquer
HK	body guard; chest guard; chest protector	plastron (de gardien)
FI	body lean	inclinaison du corps
SJ	body leaning forward (during flight)	corps tendu vers l'avant (en vol); corps penché vers l'avant (en vol)
FI	body line	axe du corps
DS	body movement	mouvement du corps
LG	body position (on the sled)	position du corps (sur la luge)
SJ	body slightly bent	corps légèrement incliné
DS	body stance	posture
SJ	body stretched	corps tendu
SJ	body too bent on landing	réception trop accroupie
FI	body twist	torsion du corps
LG	body weight	poids du/de la concurrent(e); poids du/de la lugeur(euse)
BB	body weight	poids du concurrent/bobbeur
FI	BO edge; back outside edge; backward outside edge (one of the 4 basic edges	courbe ARE; courbe extérieure arrière (une des 4 courbes de base)
FI	BO (figure) eight; back outside (figure) eight; backward outside (figure) eight (one of the 4 basic figure eights)	figure huit extérieure arrière; figure huit ARE; huit extérieur arrière; huit (une des 4 figures huit de base)
FI	BOI change of edge; BOI change	changement de carre AREI
SJ	boldness of a jumper	audace d'un sauteur; hardiesse d'un sauteur
CL	bolt (under the stone)	boulon (sous la pierre)
CL	bonspiel; spiel	tournoi de curling; bonspiel; spiel

GN	boot	botte; bottine; chaussure (générique)
HK	boot (hockey); hockey boot	chaussure (de hockey)
ST	boot (skate); skating boot	chaussure (de patin)
FI	border	bordure
SK	bottom (of a ski)	semelle (de ski)
FI	bottom edge (of the blade)	carre inférieure (de la lame)
SJ	bottom of the takeoff	pied de la table (dessous le nez du tremplin)
HK	bounced on the boards (pass); bounced off the boards (pass)	par la bande; par la clôture; par la rampe (se dit d'une passe)
HK	bouncing puck	disque bondissant; disque sautillant; rondelle bondissante; rondelle sautillante
SJ	bowl area	aire de freinage; cuvette d'arrivée
LG	bow (of the runners)	courbure (des patins à l'avant)
HK	box	loge
HK	box (to) an opponent	museler l'adversaire
FI	bracket	accolade (une des figures imposées possibles)
GN	brake	frein
GN	brake (to)	freiner
BB	brakeman	freineur
BB	brake of the "harrow" type; "harrow-type" brake	frein de type « à râteau »; frein de type « herse »
GN	braking; braking action	freinage
GN	braking area (of a bobsleigh track or of a luge track)	aire de freinage; piste de freinage (d'une piste de bobsleigh ou d'une piste de luge)
FR	break	mouvement brusque
BT	breakable target	cible en matière friable
HK	breakaway	échappée

GN	break (to) a record	battre un record; abaisser un record; établir un nouveau record
GN	break (to) a rule	enfreindre le règlement; ne pas observer le règlement
HK	break away (to)	s'esquiver
GN	breakdown of equipment	bris d'équipement
HK	break (to) through the defence	percer la défense
FI	breaking at waist	fléchissement au niveau de la taille
SK	breaking of a ski	bris d'un ski
ST	"break-in" period (for new skates or new sharpening)	période de « rodage » (pour de nouveaux patins ou un nouvel affûtage)
HK	break out (to)	ouvrir la machine
XC	break (to) trail	faire la trace; tracer la piste; ouvrir la piste
BT	breech	culasse
BT	breechblock	bloc de culasse
BT	breechblock head	tête de culasse
LG	bridge (on the sled)	portique (sur la luge)
BB	bridge (over the bobsleigh run); foot bridge	passerelle (au-dessus de la piste de bobsleigh)
LG	bridge (over the luge run); foot bridge	passerelle (au-dessus de la piste de luge)
CL	Brier (since 1927, Canadian Championship, men)	Brier (depuis 1927, championnat canadien, hommes)
FI	bring (to) knees together	faire se rejoindre les genoux; mettre les genoux ensemble
GN	broadband services	service de diffusion à large bande
GN	broadcasting facilities	installations pour la diffusion (des épreuves); installations pour la transmission (des épreuves)
AL	broken (gate) pole	piquet cassé (piquet d'une porte)
GN	broken record	record battu

AL	broken (ski) pole	bâton (de ski) cassé; bâton (de ski) brisé (bâton d'un skieur)
HK	broken stick	bâton brisé
HK	broken-stick penalty	pénalité/punition pour avoir joué avec un bâton brisé
GN	bronze (ex.: to receive a bronze)	bronze (médaille) (ex. : se voir décerner le bronze)
GN	bronze medal	médaille de bronze
CL	broom	balai
CL	broom position (in delivering)	position du balai (cible pour le lancer)
CL	brush	brosse
CL	brusher	brosseur; brosseuse
LG	bubble visor; visor	visière (en forme de bulle)
FR	Bucher spin (ballet)	vrille Bucher (ballet)
FI	buck boot	chaussure en chevreau
DS	bucket	emboîture
AL	buckle boot	chaussure à boucles
FI	bulging (on a circle)	renflement (d'un cercle)
BT	bullet	balle; cartouche
BT	bull's eye	centre noir (de la cible); mouche
SK	bump	bosse (sur la piste)
CL	bumpboards; backboards; bumpers	amortisseurs; pare-chocs
CL	bumpboard weight	pesanteur d'amortisseurs
CL	bumpers; bumpboards; backboards	pare-chocs; amortisseurs
SK	bumpy ground	terrain bosselé; terrain accidenté
BT	bunker	tranchée
FI	bunny hop (a jump)	saut de lapin (un saut)
XC	burnish (to)	polir (la semelle du ski); lisser

XC	burnish cork	polissoir; liège à polir
CL	burnt rock	pierre morte; pierre touchée
ST	burr	morfil
ST	burr stone	pierre meulière
CL	bury (to) a stone	cacher une pierre
BT	butt	fosse; tranchée (côté cible)
BT	butt (of gun)	crosse du fusil
HK	butt-ending (infraction)	avoir donné un coup du bout du bâton; six-pouces (infraction)
CL	button	bouton (Canada); tee (Europe)
BT	butt plate	plaque de couche (côté tir)
BT	butts officer	chef de la tranchée de tir (côté cible)
BT	butts official	placeur de cibles
HK	buzzer	sonnerie; sirène

C

GN	CABLA; Canadian Amateur Bobsleigh and Luge Association	A.C.B.L.A.; Association canadienne de bobsleigh et de luge amateur
BB	cable; steering cable	câble de direction
GN	CAC; Coaching Association of Canada	ACE; Association canadienne des entraîneurs
HK	CAHA; Canadian Amateur Hockey Association	A.C.H.A.; Association canadienne de hockey amateur
GN	calculated point	point calculé
GN	calculations chief; chief of calculations	chef des calculs
GN	calculation of results	calcul des résultats
GN	Calculations Office	Bureau des calculs
GN	calculation table	barème (ex. : temps traduits en points, distances traduites en points)

FI	calf boot	chaussure en peau de veau
BT	calibre	calibre (d'une arme)
GN	call (to) a competitor out of a race	retirer un(e) compétiteur(trice) d'une course/compétition
FR	calling (of the manœuvre)	annonce (de la manœuvre)
GN	call off (to) a competition	annuler une compétition
SJ	call off (to) a round; cancel (to) a round	annuler une manche
SP	call (to) the skaters back	rappeler la course
LG	call to start	appel au départ (invitation à se présenter à l'aire de départ)
SJ	calmness of a jumper in a jump	assurance d'un sauteur dans l'exécution d'un saut
SK	camber (of a ski); ski camber	cambrure (du ski) (rayon de courbure du ski)
FI	camel//change//camel (combination)	(combinaison) pirouette arabesque//changement de pied//pirouette arabesque
FI	camel pair spin	pirouette arabesque en couple
FI	camel position (a classic spin position)	position arabesque (une position classique pour la pirouette)
FI	camel//sit combination	combinaison pirouette arabesque//pirouette assise
FI	camel sit spin	pirouette arabesque assise
FI	camel//sit//upright combination spins	combinaison de pirouettes en positions arabesque//assise// verticale
FI	camel spin	pirouette arabesque
GN	camera location	emplacement des caméras
XC	can (of wax)	poussette; tube (de fart)
GN	Canada Winter Games	Jeux d'hiver du Canada
GN	Canadian Academy of Sport Medicine	Académie canadienne de médecine sportive

GN	Canadian Amateur Bobsleigh and Luge Association; CABLA	Association canadienne de bobsleigh et de luge amateur; A.C.B.L.A.
HK	Canadian Amateur Hockey Association; CAHA	Association canadienne de hockey amateur; A.C.H.A.
SP	Canadian Amateur Speed Skating Association; CASSA	Association canadienne de patinage de vitesse amateur; A.C.P.V.A.
DS	Canadian Association for Disabled Skiing	Association canadienne des sports pour skieurs handicapés
GN	Canadian Association for Health, Physical Education and Recreation	Association canadienne pour la santé, l'éducation physique et le loisir
GN	Canadian Association of Sport Sciences; CASS	Association canadienne des sciences du sport; ACSS
GN	Canadian Athletic Therapists Association	Association canadienne des thérapeutes sportifs
GN	Canadian Championship(s)	Championnat(s) canadien(s)
FI	Canadian competition; Canadian event	compétition canadienne
CL	Canadian Curling Association; CCA (Curl Canada since 1968)	Association canadienne de curling; A.C.C. (Curl Canada, depuis 1968)
CL	Canadian Curling Championship; CCC	Championnat canadien de curling; CCC
DS	Canadian Demonstration Team (disabled skiing)	Équipe canadienne de démonstration (ski pour handicapés)
DS	Canadian Disabled Championships	Championnats canadiens des sports pour handicapés
DS	Canadian Disabled Ski Festival	Festival canadien du ski pour handicapés
DS	Canadian Federation of Sport Organizations for the Disabled	Fédération canadienne des organisations de sport pour handicapés
FI	Canadian Figure Skating Association; C.F.S.A.	Association canadienne de patinage artistique; A.C.P.A.
FI	Canadian Figure Skating Association Test System	Programme des tests de l'Association canadienne de patinage artistique
SP	Canadian Indoor (record category)	courte piste, intérieur, record canadien (catégorie de record)

SP	Canadian Indoor Championships	Championnats canadiens sur piste intérieure
SP	Canadian Indoor Short Track Speed Skating Championships	Championnats canadiens de patinage de vitesse sur courte piste intérieure
SP	Canadian Indoor Speed Skating Championships	Championnats canadiens de patinage de vitesse sur piste intérieure
GN	Canadian Interuniversity Athletic Union; CIAU	Union sportive interuniversitaire canadienne; U.S.I.C.
SP	Canadian Junior Olympic Style and Mass Start Championships	Championnats canadiens junior de style olympique et de départ en groupe
CL	Canadian Ladies' Curling Association; CLCA	Association canadienne féminine de curling; ACFC
CL	Canadian Mixed Curling Championship	Championnat canadien mixte de curling
SP	Canadian Native Indoor (record category) (all Canadians)	courte piste, intérieur, athlète originaire du Canada (catégorie de record)
SP	Canadian Native indoor record (all Canadians)	record établi par un Canadien sur piste intérieure
SP	Canadian Native Olympic Style (record category) (all Canadians)	style olympique, athlète originaire du Canada (catégorie de record)
SP	Canadian Native Outdoor Mass Start (record category) (all Canadians)	départ en groupe sur piste extérieure, athlète originaire du Canada (catégorie de record)
HK	Canadian Oldtimers' Hockey Association	Association canadienne des vétérans du hockey
GN	Canadian Olympic Association; COA	Association olympique canadienne; A.O.C.
SP	Canadian Olympic Style (record category)	style olympique, record canadien (catégorie de record)
SP	Canadian Olympic Style Championships	Championnats canadiens de style olympique
SP	Canadian Olympic Style record	style olympique — record canadien; record canadien en style olympique

SP	Canadian open indoor record — 110 m oval	record canadien sur piste intérieure, compétition ouverte — piste 110 m ovale
SP	Canadian Outdoor Championships	Championnats canadiens sur piste extérieure
SP	Canadian Outdoor Mass Start Open (record category)	départ en groupe sur piste extérieure, compétition ouverte, record canadien (catégorie de record)
SP	Canadian Outdoor Speed Skating Championships	Championnats canadiens de patinage de vitesse sur piste extérieure
GN	Canadian Physiotherapy Association	Association canadienne de physiothérapie
GN	Canadian Red Cross Society	Société canadienne de la croix-rouge
SP	Canadian Senior Olympic Style Championships	Championnats canadiens senior de style olympique
SK	Canadian Ski Association; CSA (also called "Ski Canada")	Association canadienne de ski; A.C.S. (aussi appelée « Ski Canada »)
FR	Canadian Ski Association — Freestyle	Association canadienne de ski — Ski acrobatique
ND	Canadian Ski Association/Nordic Combined	Association canadienne de ski/Combiné nordique
SJ	Canadian Ski Association/Ski Jumping	Association canadienne de ski/Saut à ski
SK	Canadian Ski Instructors' Alliance; CSIA	Alliance des moniteurs de ski du Canada; AMSC
XC	Canadian Ski Marathon; CSM	Marathon canadien de ski; M.C.S.
SK	Canadian Ski Patrol	Patrouille canadienne de ski
DS	Canadian Special Olympics	Jeux Olympiques spéciaux du Canada
SP	Canadian Team Trials; National Team Trials	essais nationaux/canadiens; essais/éliminatoires pour la composition de l'équipe canadienne/nationale (de patinage de vitesse)
FI	Canasta Tango (dance)	Tango Canasta (danse)
GN	cancel (to) a competition; cancel (to) an event	annuler une compétition; annuler une épreuve

SJ	cancel (to) a round; call off (to) a round	annuler une manche
SP	cancel the race	annuler la course
SJ	candidate for the practical examination (to become a jumping judge)	candidat à l'examen pratique (pour devenir juge de saut)
DS	cant (to level a ski boot of a handicapped skier)	cale (pour mettre au niveau approprié la botte d'un skieur handicapé)
XC	canted basket	panier incliné
XC	canting	prise de carres
DS	canting (adjustment between the boot and the ski)	inclinaison (ajustement de l'angle de la botte par rapport au ski)
LG	canvas seat	siège de toile tendue
SP	cap; ace hat	bonnet; bonnet de course
BT	cap; percussion cap	capsule
GN	captain	capitaine; chef
FI	carnival; ice carnival	revue sur glace
FI	Carnival Chairman (for a club)	Président des revues sur glace (au sein d'un club)
FI	Carnival Director (for a club)	Directeur de la revue sur glace (au sein d'un club)
FI	carriage (of the skater)	tenue; position; posture
FR	carriage (of the skier)	port
FI	carriage of arms	position des bras
BT	carrying frame; carrying harness; sling	bretelle de portage; bretelle de transport; bretelle de tir
GN	carrying out (of a competition)	déroulement (d'une compétition)
GN	carry out (to) a competition	mener une compétition; diriger une compétition
SP	carry (to) the onus of collision	avoir la responsabilité de toute collision
BT	cartridge; round	cartouche

BT	cartridge belt	giberne; cartouchière
BT	cartridge case	douille; étui de cartouches
BT	case	fourreau; gaine
GN	CASS; Canadian Association of Sport Sciences	ACSS; Association canadienne des sciences du sport
SP	CASSA; Canadian Amateur Speed Skating Association	A.C.P.V.A.; Association canadienne de patinage de vitesse amateur
BT	catalogue for material and equipment (UIPMB)	catalogue concernant le matériel et l'équipement (de l'U.I.P.M.B.)
FR	catapult (aerial jump)	catapulte (une) (un saut)
FR	Catapult (Aerial Leg Breaker) (takeoff and manœuvre in ballet)	Catapulte (Leg Breaker aérien) (envol et manœuvre en ballet)
HK	catch (to) a pass	capter une passe
FI	"catch knee" lift (in pairs)	levée par les genoux (en couple)
GN	catch up (to)	rattraper
CL	CCA; Canadian Curling Association (Curl Canada since 1968)	A.C.C.; Association canadienne de curling (Curl Canada depuis 1968)
CL	CCC; Canadian Curling Championship	CCC; Championnat canadien de curling
BT	Cease fire!	Cessez le feu!
CL	centre guard	garde centale
HK	centre forward	avant centre; joueur de centre
CL	centre line	ligne médiane
FI	centre line (of the blade)	ligne centrale (de la lame)
HK	centre line; red line	ligne rouge; ligne du centre; ligne centrale; ligne pointillée (au centre)
BT	centre line of the barrel	axe du canon
SJ	centre line of the landing slope	axe de la zone de réception; axe de la piste de réception
FI	centre of gravity	centre de gravité
SP	centre of gravity; balancing point	centre de gravité; point pivot; centre de pression

FI	centre of rotation	centre de la rotation
CL	centre of the tee	centre du T
HK	centre player	joueur de centre; centre (un)
HK	centre (to) the puck	renvoyer le disque/la rondelle au centre (de la glace)
FI	centre (to) the spin	centrer la pirouette
SP	centre track; primary track (marked in red)	piste principale; piste centrale (tracée en rouge)
HK	centre zone; neutral zone	zone centrale; zone neutre; centre (le)
BB	centrifugal force	force centrifuge
FI	centring (of a spin)	centrage (d'une pirouette)
SJ	certified hill profile	profil de tremplin certifié
FI	C.F.S.A.; Canadian Figure Skating Association	A.C.P.A.; Association canadienne de patinage artistique
FI	C.F.S.A. Bronze Pair Skating Test (old)	test bronze de patinage en couple (de l'A.C.P.A.) (ancien)
FI	C.F.S.A. Figure Test	test de figure de l'A.C.P.A.
FI	C.F.S.A. Gold Pair Skating Test (old)	test or de patinage en couple (de l'A.C.P.A.) (ancien)
FI	C.F.S.A. Junior Pair Skating Test (new)	test junior de patinage en couple (de l'A.C.P.A.) (nouveau)
FI	C.F.S.A. Novice Pair Skating Test (new)	test novice de patinage en couple (de l'A.C.P.A.) (nouveau)
FI	C.F.S.A. Preliminary Pair Skating Test (old)	test préliminaire de patinage en couple (de l'A.C.P.A.) (ancien)
FI	C.F.S.A. Pre-Novice Pair Skating Test (new)	test pré-novice de patinage en couple (de l'A.C.P.A.) (nouveau)
FI	C.F.S.A. Senior Pair Skating Test (new)	test senior de patinage en couple (de l'A.C.P.A.) (nouveau)
FI	C.F.S.A. Silver Pair Skating Test (old)	test argent de patinage en couple (de l'A.C.P.A.) (ancien)
FI	C.F.S.A. Test System	Programme des tests de l'A.C.P.A.

GN	CGF; Commonwealth Games Federation	Fédération des Jeux du Commonwealth
GN	CGF; Commonwealth Games Foundation	Fondation des Jeux du Commonwealth
FI	Ch (chassé: a dance step)	Ch (chassé : un pas de danse)
SK	chair lift	télésiège
GN	chairman (of a committee)	président (d'un comité)
SJ	chairman of the jumping judges of a national ski association	chef des juges de saut d'une association nationale de ski
SJ	chairman of the jury (the TD)	président du jury (le DT)
XC	Chairman of the Race Committee (position occupied by chief of race)	Président du Comité de course (fonction occupée par le directeur de l'épreuve)
GN	chairmanship of the jury	présidence du jury
LG	chairperson	président
GN	champion	champion; championne
HK	championship game	match de championnat; partie de championnat
GN	championship	championnat
FI	change	changement de carre
SJ	change (to) a score (for style points)	changer une note de style; modifier une note de style
SP	change (to) lanes	changer de couloir
FI	change bracket	accolade avec changement de carre
FI	change camel spin	pirouette arabesque avec changement de pied
FI	changed order	ordre changé
FI	change double three	double trois avec changement de carre
FI	change figure	changement de figure
SJ	change in the gradient of the hill	changement dans l'inclinaison de la piste

FI	change loop; change loop edge	boucle avec changement de carre
FI	"change" motion	mouvement du « changement de carre »
BB	change of bobsled; change of bob	changement de bob(sleigh); remplacement d'un bob(sleigh)
FI	change-of-body lean	changement d'inclinaison du corps
FI	change of edge	changement de carre
FI	change-of-edge figure	figure avec changement de carre
HK	change of ends	changement de côté
FI	change of foot	changement de pied
FI	change of lean	changement d'inclinaison
FI	change of leg	changement de jambe
FR	change of pace (in the music)	changement de rythme; changement de temps (de la musique)
FI	change of position	changement de position
BB	change of runner	changement de patin; remplacement d'un patin
SK	change of series	changement de série
SJ	change of the inclination of the takeoff	modification de l'inclinaison de la table au tremplin
SJ	change of the length of the takeoff	modification de la longueur de la table du tremplin
FR	change of the start order	modification de l'ordre de départ
XC	change of track	changement de trace; changement de piste
SP	changeover stretch	croisement (endroit où les patineurs changent de couloir)
FI	change sit spin	pirouette assise avec changement de pied
FI	change spin	pirouette avec changement de pied
FI	change three	changement de carre trois; trois avec changement de carre

FI	change upright spin	pirouette debout avec changement de pied
GN	changing room	vestiaire
BB	channel	canal
CL	chap and lie (to); chip and lie (to)	effleurer et placer
HK	charge (to)	assaillir l'adversaire; charger au bâton
HK	charging (infraction)	assaut; charge au bâton (infraction)
SP	charging the blocks	charger les cônes
HK	charley horse	contracture
HK	chase (to) after the puck	pourchasser le disque/la rondelle; se lancer à la poursuite du disque/de la rondelle
FI	chassé; Ch (dance step)	chassé; Ch (pas de danse)
BB	chassis	châssis
FI	check	freinage; blocage; maîtrise; contrôle
HK	check (to)	mettre en échec
FI	checked position (arms, legs, body in proper position)	position de blocage; position maîtrisée (bras, jambes, corps dans la bonne position)
HK	checker	joueur qui applique une mise en échec
GN	checkered flag	drapeau à damier (un damier par drapeau)
FI	checking phase	phase de blocage
GN	checkpoint (along the bobsleigh or luge track)	poste de contrôle (le long de la piste de bobsleigh ou de luge)
FI	check (to) the rotation	freiner la rotation
GN	chef de mission	chef de mission
FI	cherry flip; toe loop jump; tap loop jump	saut de boucle piqué; boucle piqué; cherry flip
HK	chest guard; chest protector; body guard	plastron (de gardien)

BB	chief (at finish)	chef (à l'arrivée)
XC	chief controller	chef des contrôleurs
SJ	chief distance measurer	chef des mesureurs de longueurs
SP	chief finish line judge	juge en chef à la ligne d'arrivée
AL	chief gatekeeper (course judge)	chef des juges de porte
HK	chief instructor	instructeur-chef
FR	chief judge	chef des juges
SP	chief judge	juge en chef
GN	chief medical officer	chef du service médical; médecin en chef (si c'est le cas)
GN	chief of calculations; calculations chief	chef des calculs
SK	chief of competition	directeur de l'épreuve (FIS); directeur de la compétition
FR	chief of course	chef des parcours
AL	chief of course	chef de piste
BT	chief of course	chef des pistes; chef du parcours
GN	chief of course equipment (alpine and freestyle skiing)	chef du matériel (ski alpin et ski acrobatique)
SJ	chief of equipment	chef du matériel
SP	chief official	officiel en chef
SJ	chief of first aid	chef du service médical (premiers soins)
SJ	chief of hill	chef du tremplin
XC	chief of information	chef de l'information
SJ	chief of information and communications	chef de l'information et des relations avec la presse
SJ	chief of judges	chef des juges
GN	chief of medical and rescue services (alpine and freestyle skiing)	chef du service médical et du service de secours (ski alpin et ski acrobatique)

AL	chief of race	directeur de l'épreuve
XC	chief of race equipment	chef du matériel pour la course
BT	chief of range	chef du champ de tir (Canada); chef du stand de tir (Europe)
FR	chief of scoring and calculations	chef du marquage des points et du calcul des résultats
FR	chief of slopes and security (from the area management)	chef des pistes et de la sécurité (de l'administration de la station)
FR	chief of sound	chef du son
BT	chief of stadium	chef de l'estrade
SJ	chief of takeoff	chef de la piste d'élan
SJ	chief of technical distance measuring	chef des mesures techniques de longueurs
XC	chief of the course	chef des pistes
XC	chief of the mass start and relay exchange	chef du départ de masse et des passages de relais
BB	chief of the race	directeur de la compétition
XC	chief of the race (acts as Chairman of the Race Committee)	directeur de l'épreuve (agit comme Président du Comité de course)
SJ	chief of the race (a competition) (syn.: chief of competition)	directeur de la compétition
SJ	chief of the race (one event only)	directeur de l'épreuve
SJ	chief of the stampers	chef des dameurs
XC	chief of the start and finish	chef du départ et de l'arrivée
SJ	chief of the trial jumpers	chef des sauteurs d'essai
GN	chief of timing (biathlon and luge)	chef du chronométrage (biathlon et luge)
AL	chief of timing and calculations	chef du chronométrage et des calculs
BT	chief of timing and records	chef du chronométrage et des records
BB	chief of transportation	chef des transports
BB	chief of weighing	chef de la pesée

SP	chief recorder	compilateur en chef
SP	chief referee	arbitre en chef
SP	chief starter	chef de départ (Canada); starter en chef (Europe)
SK	chief steward	chef du service d'ordre
GN	chief timekeeper; chief timer	chronométreur en chef; chef chronométreur; chef des chronométreurs
HK	chin protector; chin strap	mentonnière
CL	chip; wick; rub	effleurement; frôlement
CL	chip (to); wick (to); rub (to)	effleurer; frôler
CL	chip and lie (to); chap and lie (to)	effleurer et placer
CL	chip and roll (a)	effleuré-roulé (un)
CL	chip and roll (to); wick and roll (to)	effleurer et rouler
FI	choctaw (a turn) (a dance step)	choctaw (un virage) (un pas de danse)
ST	choppy ice	glace ondulée
FI	choreographer	chorégraphe
FI	choreography	chorégraphie
FR	choreography (Ex.: Points given for "choreography" in ballet.)	chorégraphie (élément jugé dans l'épreuve de ballet)
SK	christiania; christie; christy	christiania
XC	chrono camera	caméra de chrono
FR	chronological sequence	séquence chronologique
GN	CIAU; Canadian Interuniversity Athletic Union	U.S.I.C.; Union sportive interuniversitaire canadienne
FI	circle	cercle
FI	circle eight (an exercise)	huit (un exercice); cercle huit; cercle d'une figure huit
FI	circle geometry	géométrie du cercle
FI	circle line-up; circle lineup	alignement d'un cercle

FI	circle size	dimension d'un cercle
FI	circle stroking	poussée-élan en cercle (couple)
FI	circle stroking (an exercise)	poussée sur un cercle (un exercice)
FI	circle symmetry	symétrie du cercle
FI	circle tracing	tracé du cercle
FI	circular pattern	tracé circulaire; tracé en cercle
SJ	circular transition curve	courbe de raccordement circulaire
SJ	class	catégorie
SJ	class(es) for ability	catégorie(s) selon les performances
SJ	class(es) for age	catégorie(s) d'âge
XC	classical style; classical technique	style classique; (en) classique
GN	classification	classement (l'ordre des partants ou la liste des arrivants)
GN	classification	classification (le fait de se qualifier pour une épreuve)
CL	CLCA; Canadian Ladies' Curling Association	ACFC; Association canadienne féminine de curling
FI	clean edge to toe (from a)	d'une carre nette aux dents de pointe
HK	clean hit	mise en échec permise
FI	cleanness of edge	netteté des carres
FI	cleanness of turns	précision des virages
ST	clean (to) the ice; resurface (to) the ice	remettre la glace en bon état
GN	clear disqualification	disqualification sans équivoque
HK	cleared zone	zone dégagée; territoire dégagé
CL	clear front; peel	lancer de déblayage; déblayage
FR	clear jump	tremplin libre
CL	clearly released stone	pierre effectivement lâchée

BB	clear (to) the bob run (after snowfall)	nettoyer la piste (de bobsleigh); dégager la piste (de bobsleigh) (après une chute de neige)
CL	clear (to) the hog line	dépasser la ligne de jeu
CL	clear (to) the inner edge of the farther hog line	dépasser le bord intérieur de la ligne de jeu la plus éloignée
HK	clear (to) the puck out of one's territory/zone; shoot (to) the puck out	dégager son territoire/sa zone
GN	clerical error	erreur de retranscription
SP	clerk of course	préposé au regroupement
SP	clerk of the course	responsable du parcours
SK	climb (action by the skier)	montée (par le(la) skieur(euse))
SK	climb (natural slope)	montée (du terrain)
SK	climb (to)	monter
DS	climbing sidestep	montée en escalier; pas d'escalier
SK	climbing sidestep; sidestep; sidestepping; sidestep climb	montée en escalier
FI	clockwise back crosscut	croisé arrière vers la droite; croisé arrière dans le sens des aiguilles d'une montre
FI	clockwise rotation	rotation de gauche à droite; rotation dans le sens des aiguilles d'une montre
HK	close-call play	jeu raté de peu
FI	closed (a hold in ice dancing, for the waltz)	position fermée; position de danse fermée (une façon de tenir son/sa partenaire en danse sur glace, pour la valse)
GN	closed competition	compétition fermée
FR	closed course	piste fermée
FI	closed dance position (a hold in ice dancing, for the waltz)	position fermée; position de danse fermée (une façon de tenir son/sa partenaire en danse sur glace, pour la valse)

SP	closed double track	piste double fermée
AL	closed gate; blind gate (a vertical gate)	porte (une porte verticale)
AL	closed H; reverse Seelos (a series of 3 gates placed in closed, open, closed sequence)	porte en croix (deux portes verticales séparées par une horizontale)
FI	closed hip position (in ice dancing)	position fixe de la hanche (en danse sur glace)
FI	closed hold (a hold in ice dancing, for the waltz)	position fermée; position de danse fermée (une façon de tenir son/sa partenaire en danse sur glace, pour la valse)
SJ	closed (jumping) hill	tremplin fermé
FI	closed low pair spin	pirouette en couple, basse, en position fermée; pirouette basse en position fermée (couple)
FI	closed Mohawk (a dance step)	Mohawk fermé (un pas de danse)
FI	closed position; ''in'' position (in a jump, while airborne)	position fermée; position « groupée » (dans un saut, dans les airs)
FI	closed position (a hold in ice dancing, for the waltz)	position fermée; position de danse fermée (une façon de tenir son/sa partenaire en danse sur glace, pour la valse)
GN	closed run; closed track (bobsleigh or luge track)	piste fermée (piste de bobsleigh ou de luge)
FR	closed scoring system	système de marquage fermé; système de pointage fermé
FI	closed-shoulder lift position	levée en position épaules fermées; position de levée « les épaules fermées »
FR	closed (ski) jump	tremplin fermé
SJ	closed ski position	position fermée des skis
FI	closed three (a dance step)	trois fermé (un pas de danse)
SK	closed trail	piste fermée
HK	close game	match serré; partie serrée

XC	close (to) the course; close (to) the trail	fermer la piste
CL	closing a port	blocage
GN	closing ceremonies	cérémonies de clôture
GN	closing date for entries	date limite d'inscription
LG	clothing weight allowance	poids des vêtements autorisé; poids alloué pour les vêtements
SJ	clotoide transition curve	courbe de raccordement de forme clotoïde
ND	cloverleaf-form course (combined cross-country)	piste en forme de trèfle (ski de fond au combiné nordique)
FI	club competition (among club members only)	compétition intra-murale
FI	club competition (organized by the club)	compétition du club (organisée par le club)
FI	club official	administrateur d'un club
XC	clumping; balling-up (of snow under ski); snow buildup	bottage (de la neige sous les skis)
GN	COA; Canadian Olympic Association	Association olympique canadienne; A.O.C.
HK	coach (of a hockey team)	entraîneur (d'une équipe de hockey) (OBS : On distingue parfois entre l'« entraîneur » qui préside les périodes d'entraînement et l'« instructeur » qui dirige l'équipe derrière le banc)
GN	coach (to)	entraîner
GN	coach; trainer	entraîneur
BT	coaches' area	zone pour les entraîneurs
SJ	coaches' platform; trainers' platform	tribune des entraîneurs
GN	Coaching Association of Canada; CAC	Association canadienne des entraîneurs; ACE
GN	Coaching Certification Working Committee (Canada)	Comité de travail de certification des entraîneurs (Canada)

GN	co-champion	co-champion; co-championne
SP	collecting phase	phase de rassemblement
SJ	collective points (style points + distance points for a round)	note du saut (notes de style + notes de distance pour un saut)
GN	collision	collision
GN	colour/color commentary	analyse
GN	colour/color commentator (Radio/TV); colourman/colorman; analyst	analyste (radio/télévision)
FI	combination blade (figure and free skating blade)	lame combinaison (lame pour les figures et le style libre)
ND	combination place	position au combiné nordique
ND	combination points (jumping points + cross-country skiing points)	notes combinées (notes de saut + notes de ski de fond)
FI	combination spin	pirouette combinée
FR	combined (3 events: aerials, ballet and moguls)	le combiné (3 épreuves : les sauts, le ballet et les bosses)
AL	combined (the) (sometimes: "combined alpine event")	combiné (le); combiné alpin
AL	combined alpine event	épreuve du combiné alpin
FR	combined competition	compétition à deux ou à trois épreuves
ND	combined cross-country race	course de ski de fond du/au combiné nordique
ND	combined cross-country results list	liste des résultats en ski de fond au combiné nordique
ND	combined cross-country skier	skieur de fond au combiné nordique; fondeur au combiné nordique
ND	combined cross-country skiing	ski de fond au combiné nordique; ski de fond combiné
AL	combined downhill	descente du combiné alpin; descente du combiné (descente et slalom)
AL	combined downhill and slalom	combiné descente et slalom spécial

ND	combined event	épreuve du combiné nordique
ND	combined jumper	sauteur au combiné nordique
ND	combined jumping	saut au combiné nordique; saut combiné
SJ	combined jumping competition (90 m and 70 m)	combiné au saut à ski (épreuves sur tremplins de 90 m et de 70 m); combiné des épreuves sur tremplins de 90 m et de 70 m
ND	combined jumping results list	liste des résultats au/en saut en/au combiné nordique
FR	combined ranking	classement au combiné
SK	combined results	résultats au combiné
ND	combined runner	coureur de ski de fond au combiné nordique; fondeur au combiné nordique
FR	combined skier	skieur(euse) pouvant faire l'objet d'un classement au combiné
ND	combined ski jumper	sauteur à ski au combiné nordique
ND	combined ski jumping	saut à ski au combiné nordique; saut combiné
AL	combined slalom	slalom du combiné alpin; slalom du combiné (descente et slalom)
ND	combined team competition	compétition par équipe au combiné nordique
HK	come back (to)/backtrack (to)/withdraw (to) into one's territory/zone	se replier dans son territoire/sa zone
SK	come (to) to a halt	s'immobiliser
HK	come (to) to a teammate's aid/help	venir à la rescousse d'un coéquipier
CL	come (to) to rest	s'immobiliser
CL	coming home; going home	dernière manche; dernier bout
GN	command (from an official)	commandement (venant d'un officiel)
GN	command to start; start command (sound)	signal de départ (sonore)

GN	commentator	commentateur
GN	commentator booth	cabine du commentateur
GN	commercial marking (logo or letters)	marque commerciale; marque de commerce (logo ou sigle)
SP	commissioner	commissaire
HK	commit (to) an infraction	commettre une infraction
AL	Committee for Alpine Skiing (of FIS)	Comité du ski alpin (de la FIS)
SK	Committee for Board and Lodging (of FIS)	Comité du logement et de l'hébergement (de la FIS)
SK	Committee for Ceremonial (of FIS)	Comité des cérémonies (de la FIS)
SK	Committee for Competition Equipment (of FIS)	Comité de l'équipement de course (de la FIS)
GN	Commonwealth Games Federation; CGF	Fédération des Jeux du Commonwealth
GN	Commonwealth Games Foundation; CGF	Fondation des Jeux du Commonwealth
SJ	compartment	cabine
LG	compensate (to) for the weight allowance	compenser un poids trop faible
HK	competing teams	équipes en présence; équipes en lice
GN	competition	compétition (ensemble d'épreuves); épreuve (partie d'une compétition) (OBS : parfois, l'épreuve = la compétition)
BT	competition armourer	armurier; maître-armurier
GN	competition card	carte de calcul(s)
BT	competition chief	directeur de la compétition
GN	Competition Committee	Comité de la compétition; Comité de l'épreuve; Comité de la course
FI	competition information sheet	feuille de renseignements sur la compétition
GN	competition jury; jury	jury de compétition; jury

GN	competition management	direction de l'épreuve; direction de la compétition; direction de la course
GN	competition minutes	protocole de la compétition
FR	competition mogul run	parcours de bosses de compétition
GN	competition official	officiel à une compétition
GN	competition record (for a club, a country or an athlete)	résultats de la compétition; fiche des compétitions; dossier du résultat des compétitions (pour un club, un pays ou un athlète)
GN	competition regulations; competition rules	règlement de la compétition
FR	competition run	tracé de compétition; parcours de compétition
LG	competition run	descente de compétition
GN	competition timing	chronométrage pour la compétition; chronométrage pour l'épreuve
ND	competition tracks (combined cross-country)	pistes de compétition (ski de fond au combiné nordique)
XC	competition trails	pistes de compétition
FI	competitive (ice) dancer	danseur(euse) de compétition
GN	competitor	concurrent(e); compétiteur(trice); participant(e)
BT	competitor ability	aptitude du concurrent
GN	competitors' area	aire des athlètes; aire des concurrents(es); aire des compétiteurs(trices)
GN	compile (to) the official record of the results	compiler les données officielles concernant les résultats
GN	complaint	plainte
SJ	complete (to) a jump	terminer un saut
SJ	completed jump	saut terminé
HK	completed pass	passe réussie; passe complétée
SP	complete hard shell	coquille extérieure rigide

XC	complete (to) the distance	couvrir la distance
SK	completion (final phase of a ski turn)	conduite (dernière phase d'un virage en ski)
XC	comply (to) with the directions	suivre les indications
GN	compress	compresse
FI	compulsories; compulsory figures (in singles)	figures imposées; les imposées (figures obligatoires en simple); figures obligatoires
FI	compulsory dance	danse imposée
FI	compulsory figures; compulsories (in singles)	figures imposées; les imposées (figures obligatoires en simple); figures obligatoires
FI	compulsory free skating (in singles)	programme imposé de style libre (en simple)
FI	compulsory move	mouvement imposé
FI	compulsory pair skating; compulsory pairs	programme imposé de patinage en couple
CL	concave area; concave portion (of the curling stone)	partie concave (sous la pierre)
BB	concave section of a curve	section concave d'un virage
CL	concentric rings; concentric circles	cercles concentriques; cercles
GN	conditioning room	salle de mise en condition; salle de conditionnement physique; salle d'entraînement; salle d'exercice; salle d'échauffement
AL	condition of the course	état de la piste
SJ	condition of the inrun	état de la piste d'élan; état de l'élan
SJ	condition of the (jumping) hill	état du tremplin
SJ	condition of the landing slope	état de la piste de réception
SJ	condition of the layout	état des installations
SJ	condition of the outrun	état de la piste de dégagement
SJ	condition of the surface	état de la piste
SJ	condition of the takeoff	état de la table du tremplin

DS	congenital amputee	amputé(e) de naissance
FI	connecting step	pas de liaison; pas d'enchaînement
HK	consecutive penalty	pénalité consécutive
FI	conservation of momentum principle	principe de la conservation du mouvement
CL	Consols (provincial finals; Canada)	Consols (finales provinciales; Canada)
FI	constant arc	arc régulier
FR	constant pitch (ballet)	dénivellation graduelle (ballet); dénivellation constante
SJ	constructor of jumping hills	constructeur de tremplins
BT	container for spare rounds	plateau pour les cartouches de réserve
HK	contest	affrontement; confrontation
GN	continuation of the competition	poursuite de la compétition
GN	continue (to) the competition	poursuivre la compétition
FI	continuity	continuité
FI	continuous axis; long axis (for ice dancing)	axe continu (pour la danse sur glace)
FR	continuous fall line (ballet)	ligne de pente constante; ligne de pente graduelle (ballet)
FR	continuous flow of motion	fluidité du mouvement
SJ	continuous template	gabarit fixe (marque le profil de neige)
GN	control	contrôle
FR	control (basic element of mogul skiing)	contrôle (élément de base du ski sur bosses)
SJ	control (by a jumper)	maîtrise de soi (d'un sauteur)
GN	control card	carte de contrôle
FR	control gates (4)	portes de contrôle (4)
XC	controller	contrôleur
SJ	control of body and skis	maîtrise du corps et des skis

BB	control of the weight	contrôle du poids (des engins et des bobbeurs)
XC	control point	poste de contrôle
LG	control room (at the finish outrun)	poste de contrôle (dans l'aire de dégagement)
BB	control tower	poste d'observation
LG	control tower; control point	poste d'observation
FI	convergent focus	concentration convergente
HK	converted pass; deflected pass	passe déviée; passe qui ricoche vers le filet
HK	converted shot; deflected shot	lancer dévié; tir dévié
AL	convex outward curve	virage sur une pente en dévers; virage sur une pente en biais
GN	cool down (to)	récupérer
SP	co-ordinator of the meet	coordonnateur de la compétition/de la rencontre
BT	copper shell	douille de laiton
FI	corkscrew spin	pirouette en vrille; pirouette vrillée
HK	corner	coin
SP	corner; curve	virage
SP	corner judge	juge de virage
SP	corner marker; corner block	cône marquant un virage; bloc marquant un virage
FI	correct (to) a layout	corriger un tracé
HK	correct (to) an error; correct (to) a mistake	racheter une erreur
SP	correct skating position	position correcte du/de la patineur(euse)
FI	correct tracing	régularité du tracé
SP	correct weight position	bonne position du poids du corps

AL	corridor (a series of open gates set in line)	couloir (succession de plusieurs portes horizontales dans le prolongement l'une de l'autre)
FR	Cossack (aerial jump)	Cossack (saut)
SJ	countdown (20 seconds between "start free" signal and start of jump)	compte à rebours; écoulement du délai de 20 secondes; décompte de 20 secondes (entre le signal « piste libre » et le départ du sauteur)
CL	counter	lancer de placement; le point
FI	counter (a turn)	contre-trois (un virage)
FI	counter (of a skating boot)	contrefort (d'une chaussure de patin)
HK	counterattack	contre-attaque
FI	counterbalanced position	position qui fait contrepoids
FI	counterclockwise spin; counterclockwise rotation	pirouette de droite à gauche; rotation de droite à gauche; pirouette en sens inverse des aiguilles d'une montre; rotation en sens inverse des aiguilles d'une montre
FI	counter-rotation	contre-rotation
XC	counter-slope	contre-pente
SJ	counter (to) the landing pressure	amortir le choc à la réception; amortir l'impact à la réception
FI	counter turn	contre-trois (un virage) (figures imposées)
SK	course; trail	piste; parcours; tracé
XC	course altitude; altitude of the course	altitude des pistes; altitude du parcours
SP	course conductor	animateur
BT	course controller	contrôleur de la piste; contrôleur du parcours
BT	course control officer	chef contrôleur des pistes; chef du parcours
LG	course director	directeur du parcours; directeur de la piste

SK	course inspection (by members of the jury)	inspection de la piste (par les membres du jury)
SK	course inspection; course survey (by athletes)	reconnaissance de la piste (par les athlètes)
LG	course inspector	inspecteur du parcours; inspecteur de la piste
BT	course layout	dessin du parcours; configuration du parcours; conception du parcours
GN	course length	longueur de la piste; longueur du parcours (pour une épreuve); longueur des pistes; longueur des parcours (pour les diverses épreuves)
AL	course length; slope length	longueur du parcours; longueur de la piste; longueur de la pente
SK	course marking	balisage de la piste; balisage du parcours; jalonnement de la piste; jalonnement du parcours
AL	course openers; pacers (pine boughs or cones put on the course on foggy days	repères (branches ou cônes de sapin sur le parcours pour distinguer la piste dans le brouillard)
XC	course profile	profil du parcours; profil de la piste (pour une épreuve); profil des pistes (pour une compétition)
GN	course record	record du parcours
SK	course referee	juge sur la piste (en général, mais peut aussi être un officiel particulier en fonction sur la piste)
AL	course setter	traceur de la piste
AL	course setting	tracé du parcours
AL	course setting; setting the course	traçage du parcours de la piste
FR	course slope	pente du parcours
SK	course survey; course inspection (by athletes)	reconnaissance de la piste (par les athlètes)
FR	course width	largeur du parcours
SP	covered speedskating oval	anneau de vitesse intérieur

FI	cover of trace (compulsory figures)	superposition des tracés (figures imposées)
BB	cowl; front cowl	capot
BB	cowling	carénage (enveloppe aérodynamique)
ST	cracked ice	glace crevassée
CL	crampit (Europe); hack (America)	bloc de départ; appui-pied (Canada); crampit (Europe)
SK	crash helmet; helmet	casque protecteur; casque de protection
GN	crash helmet; protective helmet; helmet; headgear	casque protecteur; casque de protection
FR	crest (of a mogul)	faîte (d'une bosse)
BB	crew; bob crew; bobsledders	équipage d'un bob
HK	crisscross play	jeu en croisé
SJ	critically low temperature	température critique (trop basse)
SJ	critical point; K	point critique; K
FI	cross-arm lift	levée bras croisés
FI	cross-axis (in tracing edges)	point de rencontre des deux axes (pour l'exécution de courbes)
HK	crossbar (of a goal/net)	barre horizontale (d'un but)
FI	cross behind	croisé arrière
FI	cross chassé; crossed chassé (a dance step)	chassé croisé (un pas de danse)
HK	cross-checking (infraction)	double-échec (infraction)
XC	cross-country	ski de fond (englobe la randonnée et la course de fond)
XC	Cross Country Canada	Ski de fond Canada
XC	cross-country competition	compétition de ski de fond
XC	cross-country event	épreuve de ski de fond; épreuve de fond
XC	cross-country race	course de fond; course de ski de fond (la compétition)

XC	cross-country racer; cross-country skier	coureur(euse) de ski de fond; fondeur(euse); skieur(euse) de fond
XC	cross-country racing skis	skis de fond (dits « skis de course »)
XC	cross-country ski	ski de fond
XC	cross-country ski boot	chaussure de ski de fond
XC	cross-country ski course	parcours de ski de fond; piste de ski de fond
XC	cross-country skier; cross-country racer	skieur(euse) de fond; fondeur(euse); coureur(euse) de ski de fond
XC	cross-country skiing (known as "x-c"; "x-c skiing")	ski de fond
ND	cross-country skiing event (of the nordic combined: a 15-km race)	épreuve de ski de fond (du combiné nordique : une course de 15 km)
DS	cross-country skiing for blind skiers	ski de fond pour personnes/skieurs(euses) aveugles
XC	cross-country ski racing	course de fond; course de ski de fond (l'action)
XC	cross-country ski trail; x-c ski trail	piste de ski de fond
FI	crosscut (forward or backward)	croisé (avant ou arrière)
FI	cross double "S"	double « S » transversal
FI	crossed chassé; cross chassé (a dance step)	chassé croisé (un pas de danse)
FR	crossed-ski landing (ballet)	atterrissage skis croisés (ballet)
FR	Crossed-Ski Loop (downhill ski crossed over top) (ballet jump)	Boucle skis croisés (ski aval croisé par-dessus) (saut en ballet)
FR	Crossed-Ski Tip Roll (ballet)	Tip Roll skis croisés (ballet)
FR	Crossed-Ski Uphill vault 360, 540, 720, etc. degrees (ballet jump)	rotation amont skis croisés 360, 540, 720, etc. degrés (saut en ballet)
FI	crossed step-down; diagonal step-down	sortie croisée
BB	crossfall	profil transversal; coupe transversale (des parois de la piste)
FI	crossfoot spin	pirouette pieds croisés

FI	cross grind(ing)	affûtage transversal
FI	cross handhold	prise de main croisée
CL	cross handle	poignée en travers
FI	cross in front	croisé avant
SP	crossing line	ligne de croisement
SP	crossing point	point de croisement
SP	crossing-over step; crossover step; crossover	pas croisé (dans les virages)
FI	cross lines	lignes transversales
HK	crossover (of players on the ice)	croisement (de joueurs sur la glace)
SP	crossover; crossover lane; crossover stretch	croisement (endroit où les patineurs changent de couloir)
ST	crossover; crossover step	croisé; pas croisé
SP	crossover; crossover step; crossing-over step	pas croisé (dans les virages)
FR	Crossover in air (ballet)	Croisé avant dans les airs (ballet)
SP	crossover lane; crossover stretch; crossover	croisement (endroit où les patineurs changent de couloir)
ST	crossover step; crossover	pas croisé; croisé
SP	crossover step; crossover; crossing-over step	pas croisé (dans les virages)
SP	crossover stretch; crossover lane; crossover	croisement (endroit où les patineurs changent de couloir)
BB	cross profile section (of a curve)	profil transversal; coupe transversale (d'un virage)
FI	cross roll (a dance step)	roulé croisé (un pas de danse)
FI	cross "S"	« S » horizontal transversal
BB	cross section profile (of a curve)	coupe transversale (d'un virage); profil transversal
FI	cross step (a dance step)	pas croisé (un pas de danse)
FI	cross stroke (a dance step)	poussée croisée (un pas de danse)

FI	cross swing roll (a dance step)	roulé swing croisé (un pas de danse)
XC	cross (to) the fall line	traverser la ligne de pente ; franchir la ligne de pente
GN	cross (to) the finish line	franchir la ligne d'arrivée
AL	cross (to) the gate	passer la porte ; franchir la porte
GN	crosswind	vent contraire (pour l'athlète) ; vent de travers ; vent de côté ; vent latéral ; vent transversal (météo)
SK	crouch position ; egg position ; tuck position (a downhill position)	position de recherche de vitesse ; position de l'œuf ; l'œuf ; position ramassée (une position de descente)
HK	crowd (to) (against the boards)	serrer ; tasser (contre la bande)
HK	crowd (to) (in a stadium or an arena)	s'entasser (spectateurs dans un lieu) ; emplir (un lieu)
GN	crowd control	contrôle de la foule
HK	crush (to) an opponent	écraser un adversaire ; mater un adversaire
SK	crusted snow	neige croûtée ; neige tôlée
SK	CSA ; Canadian Ski Association (also called "Ski Canada")	A.C.S. ; Association canadienne de ski (aussi appelée « Ski Canada »)
SK	CSIA ; Canadian Ski Instructors' Alliance	AMSC ; Alliance des moniteurs de ski du Canada
DS	CSIA Teaching Manual	Manuel d'enseignement de l'AMSC
XC	CSM ; Canadian Ski Marathon	M.C.S. ; Marathon canadien de ski
GN	cumulative time	temps cumulatif (qui s'additionne en cours d'épreuve) ; temps cumulé (qu'on a additionné une fois la dernière épreuve terminée)
XC	cumulative time (in a relay race)	temps cumulatif (dans une course à relais)
GN	cup	coupe
CL	cup (of a stone)	bordure
CL	curl ; curve	courbe
CL	curl (to)	curler (verbe) ; jouer au curling

CL	Curl Canada	Curl Canada
CL	curler; curling player	joueur(euse) de curling; curleur; curleuse
CL	curling	curling
CL	curling broom	balai
CL	curling brush	brosse
CL	curling club	club de curling
CL	curling delivery	lancer au curling
CL	curling gloves	gants de curling
CL	curling match	match de curling
CL	curling pin	épinglette de curling
CL	curling rink	piste de curling; piste (Canada); rink; terrain; rink de curling (Europe)
CL	curling rock; curling stone; rock; stone	pierre de curling; pierre (Canada); galet (Europe)
FI	curvature of the blade; profile of the blade	profil de la lame; courbure de la lame
FI	curvature of the lobes (in ice dancing)	courbe des lobes (en danse sur glace)
FI	curve	courbe
GN	curve	virage; courbe
SP	curve; corner	virage
CL	curve; curl	courbe
SJ	curved back	dos rond
HK	curved blade (of a stick)	lame recourbée (d'un bâton)
FI	curved "hollow"; hollow ground	« creux » incurvé; creux de la lame
SJ	curved landing slope (between O and P)	zone de réception courbée; piste de réception (entre O et P)
SJ	curve from ... to ...	courbe de raccordement entre ... et ...

FI	curve length	longueur de la courbe
SP	curve technique	technique du virage
BB	curve transition	raccordement des virages; transition entre les virages; raccordement entre les virages
BB	cushioning facilities	installations d'amortissage
FI	cusp of turn	lobe du virage
FI	custom boot	chaussure faite sur mesure
FI	cutoff (on a circle)	coupure (d'un cercle)
SP	cut-resistant glove	gant résistant aux coupures
SP	cut-resistant mitt	moufle résistant aux coupures
CL	cut too much (to); overcurl (to); take off (to); grab (to)	dévier (se dit de la pierre)
BT	cylinder lock	cylindre de culasse

d

FR	Daffy (aerial jump in moguls)	Daffy (saut en ski sur bosses)
FR	Daigle Langer (layout) (ballet)	Daigle Langer (position étendue) (ballet)
GN	damaged track; damaged run	piste endommagée
FI	dance; dancing	danse
FI	dance blade	lame pour la danse
FI	dance competition	compétition de danse
FI	dance flow	déroulement de la danse
FI	dance hold	prise de la danse sur glace; façon de tenir son/sa partenaire en danse
FI	dance position	position de danse
FI	dance rhythm	rythme de la danse
FI	dance rhythm mark	notation concernant le rythme de la danse

FI	dance sequence	séquence de danse
FI	dance step	pas de danse
FI	dance test	test de danse
FI	dancing; dance	danse
FI	dancing position	position de danse
SJ	dangerously low temperature	température dangereusement basse
BB	dangerous part; dangerous stretch	tronçon dangereux; portion dangereuse (de la piste)
HK	dangerous play	jeu dangereux
SK	day lodge	chalet principal
LG	day run	descente de jour; manche de jour
LG	day training run	descente d'entraînement de jour
FR	D/D; degree of difficulty	D/D; degré de difficulté
CL	dead weight	pesanteur de garde
DS	deaf skier	skieur(euse) sourd(e)
FI	death spiral	spirale de la mort
BB	deceleration stretch	piste de décélération; piste de freinage (après la ligne d'arrivée)
LG	deceleration stretch; finishing run	piste de décélération; piste de freinage (après la ligne d'arrivée)
SP	decided by lot	tiré(e) au sort
CL	decided end	manche terminée
FI	decimal	note décimale; décimale
HK	decisive game	match décisif; partie décisive
FI	deep level; low level (level in space)	niveau inférieur (division de l'espace)
HK	defeat; loss	défaite; échec; revers
HK	defeat (to) an opponent; beat (to) an opponent	battre un adversaire; défaire un adversaire; vaincre un adversaire
HK	defence	défense (position)

HK	defenceman	joueur de défense; défenseur; arrière
GN	defending champion	tenant(e) du titre
HK	defensive line	ligne défensive; trio défensif (se dit de joueurs d'avant)
HK	defensive play	jeu défensif
HK	defensive withdrawal	repli défensif
HK	defensive zone	zone défensive
HK	deflect (to) a shot	faire dévier un lancer; faire dévier un tir
HK	deflected pass; converted pass	passe déviée; passe qui ricoche vers le filet
HK	deflected shot; converted shot	lancer dévié; tir dévié
HK	deflection	ricochet
CL	deflect (to) the stone	faire dévier la pierre de sa trajectoire
FI	degree of difficulty	coefficient de difficulté
FR	degree of difficulty; D/D	degré de difficulté; D/D
FR	degree-of-difficulty chart	tableau des degrés de difficulté (des sauts); tableau du degré de difficulté (des sauts)
FR	degree-of-difficulty multiplier	coefficient du degré de difficulté
FI	delayed Axel	Axel retardé
HK	delayed offside	hors-jeu différé; hors-jeu retardé
HK	delayed penalty	pénalité/punition à retardement; pénalité/punition retardée
GN	delayed protest	protêt retardé (Canada); réclamation retardée (Europe)
SK	delayed start	départ retardé; retard du départ; retard au départ
HK	delaying the game (infraction)	avoir retardé le jeu (infraction)
GN	delay of game	temps d'arrêt
SP	delay (to) the start of a race	retarder le départ d'une course

GN	delegate	délégué
HK	deliberate freezing of the puck (infraction)	chute délibérée sur le disque/la rondelle (infraction)
GN	deliberately delayed protest	protêt retardé intentionnellement (Canada); protêt délibérément retardé (Canada); réclamation retardée intentionnellement (Europe); réclamation délibérément retardée (Europe)
CL	deliver (to) a stone/shot	lancer une pierre
CL	delivering team; delivering side	équipe dont c'est le tour de jouer
CL	delivery of a curling stone/rock	lancer d'une pierre; lancer (un)
XC	depression	creux (terrain)
HK	depth	profondeur (se dit du filet)
FI	depth of hollow grind (of the blade)	profondeur du creux (de la lame)
FI	depth of lobe	profondeur du lobe; courbure du lobe
SK	depth (of the snow)	épaisseur (de la neige)
XC	depth of the track	profondeur du tracé; profondeur de la trace
BB	descent (getting off the bob during a run)	descente (mettre pied hors du bob en cours de descente)
SJ	designated area (to a measurer or a referee)	tronçon attribué (à un mesureur ou à un juge)
AL	designated substitute	remplaçant(e) désigné(e); substitut désigné(e)
SK	detachable quad(ruple) chair; detachable quad(ruple) chair lift	télésiège quadruple débrayable
DS	developmentally disabled (person)	handicapé(e) par un retard de développement
SJ	deviation	déviation (léger); écart (grave)
FI	deviation from circle	déviation du cercle
SJ	deviation from the standards of style	écarts par rapport aux normes de style

BB	device for measuring temperature of runners	appareil de mesure de la température des patins
FI	diagonal change (of edge)	changement de carre en diagonale
HK	diagonal pass	passe en diagonale
FI	diagonals	diagonales
FI	diagonal short axis (for ice dancing)	petit axe diagonal (pour la danse sur glace)
DS	diagonal sideslipping	dérapage diagonal
DS	diagonal sidestep	montée en diagonale; montée en demi-escalier
SK	diagonal sidestep; traverse sidestep; sidestep traverse	montée en diagonale; montée en demi-escalier
FI	diagonal step-down; crossed step-down	sortie croisée
XC	diagonal stride; alternating step	pas alternatif
XC	diagonal stride on the flat	pas alternatif sur le plat
XC	diagonal stride uphill	pas alternatif en montée
LG	"did not finish"	« n'a pas terminé »
LG	"did not start"	« n'a pas pris le départ »
ND	differences in time (cross-country)	écart entre les temps de départ (ski de fond)
SJ	difficulty in countering landing pressure	difficulté à amortir le choc/l'impact à la réception
GN	digital read-out (on an electronic watch)	inscription digitale (sur un chronomètre)
GN	digital watch	chronomètre à affichage numérique
FI	dip (in blade)	dépression (sur la lame); creux (sur la lame)
AL	direction flag; flag (red and green course markers)	fanion directionnel; fanion de piste (petits triangles rouges et verts au sol, délimitant la piste)
FI	direction of lean	sens de l'inclinaison
FI	direction of rotation	sens de (la) rotation

FI	direction of travel	sens du déplacement; direction du déplacement
BB	director of the race	directeur de la compétition
CL	direct (to) play	diriger le jeu; conduire le jeu
HK	direct shot	lancer droit; tir droit
DS	disability	handicap
DS	disabled skier	skieur(euse) handicapé(e)
DS	disabled skiing	ski pour handicapés
HK	disallowed goal	but annulé; but refusé
GN	disallowed protest	protêt rejeté (Canada); réclamation rejetée (Europe)
FR	discard (to) a score (high and low)	rejeter une note (la plus haute et la plus basse)
GN	Disciplinary Commission	Commission de discipline
GN	Disciplinary Committee	Comité de discipline
GN	disciplinary procedure	procédure disciplinaire
GN	dislocation; separation	dislocation; luxation; désarticulation
BT	dispersion	dispersion
AL	displaced gate	porte arrachée
AL	displaced (gate) pole	piquet arraché
CL	displaced stationary stone	pierre immobile déplacée
AL	displace (to) the gate pole	renverser le piquet
GN	dispute	différend
HK	disputed goal	but contesté
GN	disqualification; DSQ	disqualification; DSQ
AL	disqualification for a missed gate	disqualification pour une porte manquée
SJ	disqualified jumper	sauteur disqualifié
HK	disqualified player	joueur disqualifié

GN	distance	distance
SJ	distance (of a jump)	longueur (d'un saut)
SJ	distance between both skis	écart entre les skis
AL	distance between gates	distance entre les portes
SJ	distance board	panneau de mesure de longueur
SP	distanced skater	patineur(euse) distancé(e)
SJ	distance jumped	longueur du saut
SJ	distance marker	marque de longueur
SJ	distance measurer	mesureur de longueur (de sauts)
SJ	distance measuring	mesure de longueur
SJ	distance-measuring referee	juge des mesures de longueurs
SJ	distance-measuring tape	ruban à mesurer les longueurs
SJ	distance point	note de longueur
SJ	distance reached	longueur atteinte
SJ	distance recorder	secrétaire aux mesures de longueurs
SJ	distance referee	juge des mesures de longueurs
SJ	distances pegged on boards	mesures de longueur inscrites sur des panneaux (le long de la zone de réception)
FI	divergent focus	concentration divergente
CL	divider	barre de séparation; bande
HK	diving poke check	échec-plongeon
FI	Divisional Championships; Divisionals	Championnats de divisions
FI	divisional competition	compétition de division(s)
HK	division of ice surface	division de la surface glacée; division de la glace
HK	dodge (to) a bodycheck; avoid (to) a bodycheck	esquiver une mise en échec; esquiver un plaquage

CL	Dominion Curling Association (1935-1968)	Association de Curling du Dominion (1935-1968)
GN	doping	doping; dopage
GN	doping control	contrôle de dopage
GN	doping-control station	poste de contrôle de dopage
CL	double	double (un); double sortie
DS	double above-knee amputee	amputé(e) des deux jambes au-dessus des genoux
AL	double angle (gate)	double porte d'angle
DS	double-arm amputee	amputé(e) des deux bras
FI	double Axel Paulsen; double Axel; double axel	double Axel; double Axel Paulsen
DS	double below-knee amputee	amputé(e) des deux jambes au-dessous des genoux
SK	double chair; double chair lift	télésiège double; télésiège biplace
FI	double circle (conditioning exercise)	double cercle (exercice de conditionnement)
FI	double count (in ice dancing)	temps double (en danse)
AL	double draw (bid number and competitor)	double tirage (numéro de dossard et concurrent(e))
FI	double end (used in conditioning exercises)	double extrémité (dans les exercices de conditionnement)
FI	double flip (a jump); double-flip jump	double flip (un saut)
AL	double gate on a traverse (sidehill gate)	double porte horizontale décalée (portes sur une pente en dévers)
FR	double inverted	double saut périlleux
FR	Double Javelin spin (ballet)	vrille Double Javelin (ballet)
FI	double jump	double saut
SP	double lane	double couloir
FI	double loop (a jump)	double boucle (un saut)

FI	double loop jump	double saut de boucle
FI	double Lutz	double Lutz
HK	double major penalty	pénalité/punition majeure double
HK	double minor penalty	pénalité/punition mineure double
FR	double mixed upright	double saut vertical mixte
XC	double-pole; double-poling; stakning (Norwegian term) (OBS: Stakning is done without any leg movement.)	double poussée; poussée simultanée; stakning (terme norvégien) (OBS : Le stakning s'exécute sans la participation des jambes.)
XC	double-poling stride; double-pole stride	un pas, double poussée; pas, double poussée
SP	double-radius track of 100 m	piste de 100 m à double rayon
FR	Double Reverse Royal spin (ballet)	vrille Double Reverse Royal (ballet)
FI	double "S"	double « S » longitudinal
LG	doubles; double seaters (type of event)	double; luge double (genre d'épreuve)
FI	double Salchow	double Salchow
FI	double sculling (conditioning exercise)	double godille (exercice de conditionnement)
LG	double seater (type of sled)	luge double (genre d'engin)
LG	double seaters; doubles (type of event)	luge double; double (genre d'épreuve)
BT	double shot	coup double
FR	double somersault	double saut périlleux
FR	double somersault with twist(s)	double saut périlleux avec vrille(s)
LG	doubles pod	siège de luge double
LG	doubles sliders	lugeurs en double (hommes seulement)
LG	doubles start	départ pour les épreuves de luge double
BT	double-stage trigger	double détente
XC	double start	départ en double; départ par deux

SK	double start-number	numéro de dossard à deux faces (devant et derrière)
GN	double stopwatch	chronomètre à rattrapante (pour les temps de passage)
AL	double strap (for goggles)	double élastique (pour lunettes)
FI	double three	double trois
FI	double toe-loop (a jump)	double boucle piqué (un saut)
FI	double toe-loop jump	double saut de boucle piqué (un saut)
FI	double toe Walley	double Walley piqué
SP	double track; two-lane track	piste double; piste à deux couloirs
XC	double-track course	piste à double trace; piste à tracé double
XC	double tracks	piste double; traces doubles; deux traces
FR	double twist	double vrille
FR	double upright	double saut vertical
AL	double vertical gate	double porte verticale
GN	downhill	aval (par rapport à la montagne)
AL	downhill (an alpine ski competition)	descente (un type d'épreuve en ski alpin)
AL	downhill boot	chaussure de descente (générique)
AL	downhill course	parcours de descente; piste de descente
AL	downhiller; downhill racer	descendeur(euse)
AL	downhill gate	porte de descente
AL	downhill in two runs (for short runs)	descente en deux manches (pour pistes courtes)
SK	downhill position	position de descente
AL	downhill race; downhill racing	course de descente; course en descente
AL	downhill racer; downhiller	descendeur(euse)

SK	downhill side	en aval
SK	downhill ski	ski aval
AL	downhill skiing; downhill (to distinguish from x-c skiing or Nordic touring)	ski alpin (on dit parfois « ski de descente » pour distinguer du ski de fond ou de randonnée)
AL	downhill traverse	descente en biais; traversée de descente
SK	downhill turn	virage aval
AL	downhill wax	fart de descente
FR	down-unweighting (performed by a flexion of ankles, knees and hips)	allègement vers le bas (par la flexion des chevilles, des genoux et du bassin)
LG	downward pressure	pression vers le bas
HK	draft (of players)	repêchage (de joueurs)
LG	drag on the rear runner; friction on the rear runner	frottement/friction de l'arrière du patin (sur la piste)
CL	draw	effet
CL	draw	compétition; rencontre; match; partie
CL	draw	lancer de placement; placement
HK	draw	match nul; partie nulle
CL	draw (to)	tirer vers le bouton
HK	draw (to) a penalty; be (to) penalized	écoper d'une pénalité/d'une punition; être pénalisé; être puni; être chassé (du jeu)
GN	draw (to) by lot	tirer au sort
SP	draw of tracks	tirage au sort des pistes
CL	draw weight	pesanteur de lancer de placement; lancer léger
GN	dressing room	vestiaire
HK	dribble (to) the puck	dribbler la rondelle
SP	drift (to)	dévier de son parcours

SP	drifting	déviation de parcours
CL	drift out (to); stay out (to); hang (to)	tomber (se dit de la pierre)
BB	driver	pilote
BB	driver's side push bar	barre de poussée du pilote
LG	driving	conduite
LG	driving curve	courbe d'accélération
LG	driving rules	règles de conduite
HK	drop pass	passe courte arrière; passe en retrait
FI	dropped ankle	cheville affaissée
HK	drop (to) one's gloves	jeter les gants
GN	dryland training	entraînement hors-neige; entraînement hors-glace; entraînement hors-piste (selon la discipline)
GN	dryland training program(me)	programme d'entraînement hors-glace/hors-neige/hors-piste (selon la discipline)
SK	dry snow	neige sèche
GN	dry training	préparation physique
GN	DSQ; disqualification	DSQ; disqualification
HK	dual-referee system	arbitrage à deux
HK	dump (to) the puck; get rid (to) of the puck	se défaire du disque/de la rondelle
FI	Dutch Waltz (dance)	Valse hollandaise (danse)
FI	dynamic equilibrium	équilibre dynamique
DS	dynamic parallel	parallèle dynamique
FR	dynamic parallel turn (basic advanced ski turn)	virage en parallèle dynamique (virage fondamental de niveau avancé)
DS	dynamic powerful turn	virage dynamique puissant
FR	dynamics (movements to maintain balance)	dynamique (mouvements pour conserver l'équilibre)

e

GN	early season	début de saison
XC	early start	départ avant le temps
FI	early step-down	sortie prématurée (d'une figure)
GN	earmuffs	cache-oreilles
FR	easy movement	fluidité du mouvement
DS	easy round turn	virage arrondi simple
GN	EBU; European Broadcasting Union	UER; Union européenne de radiodiffusion
FI	eccentric force	force excentrique
FI	edge (of a circle on the ice)	courbe (d'un cercle sur la glace)
ST	edge (of a skate blade)	carre (d'une lame de patin)
SK	edge; ski edge	carre (d'un ski)
FR	edge control	contrôle des carres (des skis)
FI	edge curvature (in a jump)	courbe de la carre (dans un saut)
FI	edge jump	saut de carre
FR	edge of the knoll	début du plateau
FI	edge pressure	pression de la carre
ST	edge stroke	poussée de la carre
FI	edge to toe (from an)	d'une carre aux dents de pointe
DS	edging	prise de carre(s)
SK	edging	prise de carres; angle de prise de carres
FR	edging in moguls	prise de carres dans les bosses
ST	edging stone; grinding stone	pierre d'affûtage; pierre à affûter; petite pierre
CL	effective sweeping	balayage efficace
SK	egg position; crouch position; tuck position (a downhill position)	position de l'œuf; l'œuf; position de recherche de vitesse; position ramassée (une position de descente)

BT	ejector	éjecteur
HK	elbow (to)	donner du coude
AL	elbow corridor	couloir coudé (dont la sortie de l'une des portes nécessite un brusque virage)
AL	elbow gate	porte en coude; porte de couloir coudé
HK	elbow guard; elbow pad	coudière; cubitière; protège-coude
BB	elbow pad; elbow guard	coudière; protège-coude
BB	electronic classification	calcul électronique du classement (et affichage électronique des résultats)
GN	electronic scoreboard	tableau d'affichage électronique
SK	electronic starting gate	portillon électronique
XC	electronic start signal; electronic starting signal	signal électronique de départ
GN	electronic stopwatch; electronic watch	chronomètre électronique
GN	electronic timekeeping; electronic timing	chronométrage électronique
GN	electronic timekeeping failure	panne du système de chronométrage électronique
GN	electronic timing; electronic timekeeping	chronométrage électronique
GN	electronic watch; electronic stopwatch	chronomètre électronique
FI	element chart (of a program)	tableau des éléments (d'un programme)
GN	eligibility	droit de participation
HK	eligible player	joueur admissible; joueur qualifié
BB	eliminated team	équipe éliminée
GN	eliminating race	course éliminatoire (selon le cas : descente, épreuve)
SP	elimination race	course éliminatoire
GN	elimination system	système d'élimination

GN	elite competitor	compétiteur(trice) d'élite
FI	elk boot	chaussure en peau d'élan
HK	empty net	but désert; filet désert
FI	end (of programme)	fin (d'un programme)
CL	end; head	manche; bout (Canada); parcours (Europe)
HK	end boards (Canada); endboards (USA)	bande à l'extrémité de la patinoire
BB	end of runner	pointe arrière du patin
SJ	end of the jump (on the outrun)	fin du saut (sur la piste de dégagement)
SJ	end of the outrun	fin de la piste de dégagement
AL	end of the race	fin de l'épreuve
CL	end of the sheet	extrémité de la piste
SJ	end of the takeoff	nez du tremplin
HK	end zone	extrémité de la zone (offensive ou défensive)
BB	entered bob; entered bobsled	bobsleigh inscrit; bob inscrit
FI	entrance edge (of a spin)	carre d'entrée (dans une pirouette)
SP	entrance to the curve	entrée du virage
SP	entrants to heats	participant(e)s aux éliminatoires
GN	entry	inscription (Canada); enregistrement (Europe); engagement (Europe et FIS)
FI	entry (into a jump)	entrée (dans un saut)
FI	entry curve (of a jump)	courbe d'appel (d'un saut)
FI	entry curve (of a spin)	courbe d'entrée (d'une pirouette)
FI	entry edge (of a jump)	carre d'appel (d'un saut)
GN	entry fee	droit d'inscription (Canada); droit d'enregistrement (Europe)

SK	entry in a judge's pass	inscription dans le passeport d'un juge
GN	equal (to) a record	égaler un record
FI	equal circle size	dimensions égales du cercle
HK	equalization	égalisation
GN	equal placings	même rang au classement
GN	equal times	temps identiques
GN	equipment	matériel (pour tenir l'épreuve); équipement (que revêt un athlète)
BT	equipment control	contrôle de l'équipement (de compétition)
FR	erect carriage	port droit
HK	erratic play; incoherent play; ragged play	jeu décousu; jeu incohérent
LG	escarpment	escarpement
GN	established record	record établi
FI	Euler	Euler
GN	European Broadcasting Union; EBU	Union européenne de radiodiffusion; UER
FI	European Waltz (dance)	Valse européenne (danse)
FI	evaluation (of skaters)	évaluation (des patineurs)
GN	even number	nombre pair
HK	even-strength goal	but égalisateur
GN	event	épreuve
GN	event record	record de l'épreuve
GN	ex-aequo	ex aequo
FI	exceed (to) (time)	dépasser le temps
GN	ex-champion	ex-champion; ex-championne

SK	exchange zone; relay exchange zone; hand-over zone (in biathlon, cross-country skiing and nordic combined)	zone de passage des relais; zone du passage de relais (en biathlon, ski de fond et combiné nordique)
FR	exciting point (in competitor's ballet program(me))	point culminant (de la routine de ballet exécutée)
FR	exciting points (in the music)	points forts (dans l'air choisi)
AL	execution (of downhill, slalom, giant slalom)	exécution (de la descente, du slalom, du slalom géant)
FI	execution mark	notation concernant l'exécution
FI	execution of a figure	exécution d'une figure
HK	exhibition game	match d'exhibition; partie d'exhibition; match hors-concours; partie hors-concours
FR	exit	sortie
FI	exit (of a spin)	sortie (d'une pirouette)
FI	exit (to) a spin	terminer une pirouette
FI	exit edge	courbe de sortie
FI	exit edge	carre de sortie
SP	exit from the curve	sortie du virage
FI	explosiveness of takeoff	force de l'appel
FI	expression	expression
FR	extension	extension
SJ	extension of certificate (jumping hill)	prolongation du certificat de conformité/d'homologation (d'un tremplin)
XC	extension of the start line	ligne de départ prolongée
FI	exteroception	sensibilité extéroceptive
CL	extra end	manche supplémentaire; bout supplémentaire
GN	extra training time	temps d'entraînement supplémentaire; temps d'exercice supplémentaire

BB	extra weight	poids extra; poids ajouté (au bob); lest
CL	extreme edge of the outer circle	rebord du cercle extérieur
FI	extreme outside hold; extreme outside position; extreme outside (a hold in ice dancing)	position extérieure extrême (une façon de tenir son/sa partenaire en danse)
ST	eyelet (for lacing skates)	œillet (pour lacer les patins)

f

FI	F; forward	AV; avant
FR	face (part of a mogul)	face (d'une bosse)
GN	face (to)	être opposé à; être en compétition contre
FI	face (to) a partner	être en face de son/sa partenaire; faire face à son/sa partenaire
HK	face guard; face shield; face protector; helmet shield	pare-visage; visière protectrice; protecteur facial
HK	face mask; face guard; goal mask	masque (de gardien)
HK	face-off	mise au jeu; mise en jeu
HK	face-off circle	cercle de mise au/en jeu
HK	face-off line	ligne de mise au/en jeu
HK	face-off spot	point de mise au/en jeu
HK	face protector; face guard; face shield; helmet shield	pare-visage; visière protectrice; protecteur facial
GN	facility(ies)	installation(s)
SJ	failure of the technical distance measuring devices	défaillance des appareils de mesure technique des longueurs
BT	failure to fire (rifle)	non-fonctionnement (arme/carabine)
GN	fair play; fairplay	sportivité (Canada); fair-play (Europe)
HK	fake; feint	feinte
HK	fake (to); feint (to)	feindre; feinter

HK	fake match	match simulé
GN	fall	chute
CL	fall (of the ice)	dévers (de la glace)
GN	fall (to)	tomber (se dit d'un objet); chuter (se dit du joueur)
SJ	fall as a result of landing	chute due à une mauvaise réception
SJ	fallen jump	saut avec chute; saut tombé
SP	fall line	ligne de chute
SK	fall line	ligne de pente; ligne de chute (du terrain)
SJ	fall on landing	chute à la réception
HK	fall (to) on the puck	chuter sur la rondelle
CL	fall (to) short of the house	ne pas atteindre la maison
FI	false leaning	fausse inclinaison
GN	false start	faux départ
GN	fan	amateur; enthousiaste; fervent
HK	fan; supporter	partisan; supporter
XC	fanny pack	sac banane; sacoche de ceinture
HK	farm club	filiale; équipe-école
HK	farm-club system; minor-league system	réseau de filiales; réseau d'équipes-écoles
SP	fastening under the chin	attache sous le menton
SP	fastest time	temps le plus rapide
GN	fast ice (curling and skating)	glace rapide (curling et patinage)
FI	fast spin	pirouette rapide; pirouette exécutée rapidement
GN	fault	faute
AL	fault	faute; passage incorrect (d'une porte); faute de passage

SJ	fault at the beginning of the flight and corrected immediately	faute commise au début du saut et immédiatement corrigée
SJ	fault corrected later	faute corrigée avec/en retard
SJ	fault during the last part of the flight and not corrected	faute commise pendant la dernière partie du saut et non corrigée
SJ	fault immediately corrected	faute immédiatement corrigée
SJ	fault not corrected	faute non corrigée
SJ	fault occurring during the whole flight and not corrected	faute commise pendant tout le saut et non corrigée
FI	faulty	avec faute(s); avec erreur(s)
BT	faulty cartridge	cartouche défectueuse
AL	faulty crossing of gate (missed gate)	mauvais franchissement de la porte (faute de passage)
CL	faulty equipment	équipement en mauvais état
GN	favorite; favourite	favori; favorite
HK	feed (to) a pass; make (to) a pass; pass (to)	faire une passe; passer le disque/la rondelle (à un coéquipier)
FI	"feel" for the circle	« sens » du cercle
HK	feint; fake	feinte
HK	feint (to); fake (to)	feindre; feinter
LG	female luge racer	lugeuse
GN	femininity control; sex control (women)	contrôle de féminité
SK	fenced-off	clôturé
SK	fenced-off section (of the course)	aire clôturée (de la piste)
FI	FI; forward inside	AVI; avant intérieur (dans une expression : intérieur(e) avant)
LG	fibreglass pod	siège moulé en fibre de verre
LG	fibreglass reinforcement	supports latéraux en fibre de verre
BB	FIBT; International Bobsleigh and Tobogganing Federation (unofficial in English)	F.I.B.T.; Fédération internationale de bobsleigh et de tobogganing

BB	F.I.B.T. Licence	Licence de la F.I.B.T.
FI	FI edge; forward inside edge (one of the 4 basic edges)	courbe AVI; courbe intérieure avant (une des 4 courbes de base)
FI	field movement	mouvement de transition; mouvement d'enchaînement
FI	Fiesta Tango	Tango Fiesta
FI	FI (figure) eight; forward inside (figure) eight (one of the 4 basic figure eights)	figure huit intérieure avant; figure huit AVI; huit intérieur avant; huit AVI (une des 4 figures huit de base)
HK	fight	bagarre
HK	fight (to)	se battre
HK	fighting (infraction)	s'être battu (infraction)
FI	figure	figure
FI	figure blade	lame pour les figures
FI	figure eight	huit; figure huit
ND	figure-eight-form course (combined cross-country)	piste en forme de huit (ski de fond au combiné nordique)
FI	figure-eight pattern	modèle de la figure huit; tracé de la figure huit
FI	figure-eight stroking	poussée-élan en figure huit (couple)
FI	figure group	groupe de figures
FI	figure skater	patineur(euse) (de patinage artistique)
FI	figure skating	patinage artistique
FI	figure skating boot (for compulsories)	chaussure pour les figures (imposées)
FI	Figure Skating Coaches of Canada; F.S.C.C.	Association des entraîneurs de patinage artistique du Canada
FI	figure test	test de figures
LG	FIL; International Luge Racing Federation	FIL; Fédération internationale de luge de course
LG	FIL president	président de la FIL
LG	FIL Sports Year Calendar	Calendrier sportif de la FIL

HK	final game	match décisif; match final; partie décisive; partie finale
GN	final result(s)	résultat(s) final(s)
GN	finals	finale
HK	finals round	ronde des finales
GN	final standings	classement final
SJ	final swing	virage final (en bout de zone de dégagement)
GN	fine	amende
GN	finish (action)	arrivée (action de franchir la ligne d'arrivée)
GN	finish (place)	arrivée (lieu ou ligne où se termine une épreuve; le finish (Europe)
LG	finish area; finish zone	aire d'arrivée (comprend la ligne d'arrivée, la piste de freinage, le poste de contrôle/pesage, etc.)
SK	finish area; finish zone	aire d'arrivée; zone d'arrivée; l'arrivée
FR	finish (to) a run (ballet)	compléter son exécution (ballet)
SK	finish controller	contrôleur à l'arrivée
AL	finish elevation	altitude à l'arrivée; altitude de l'arrivée
LG	finish house	poste d'arrivée
LG	finishing run; deceleration stretch	piste de décélération; piste de freinage (après la ligne d'arrivée)
LG	finish leader	chef à l'arrivée (à la ligne d'arrivée)
GN	finish line	ligne d'arrivée
SP	finish (line) judge	juge à la ligne d'arrivée
GN	finish official	officiel à l'arrivée
GN	finish outrun; outrun (of a bobsleigh or luge track)	piste de dégagement; aire de dégagement (après la piste de décélération d'une piste de bobsleigh ou de luge)

AL	finish posts	poteaux d'arrivée; poteaux marquant l'arrivée
AL	finish referee	arbitre de l'arrivée
GN	finish referee (sometimes called "finish judge")	juge à l'arrivée; juge d'arrivée (habituellement on rend « referee » par « juge » lorsque cet officiel est appelé à porter un jugement)
BB	finish site	site de l'arrivée; emplacement de l'arrivée; aire d'arrivée
XC	finish time	temps d'arrivée; temps à l'arrivée
XC	finish track	piste d'arrivée
SK	finish zone; finish area	zone d'arrivée; aire d'arrivée; l'arrivée
FI	FIO change (of edge); FIO change	changement de carre AVIE
BT	fire (to)	tirer un coup; tirer; faire feu
BT	firearm	arme à feu
BT	fired shot	coup tiré
BT	firing distance	distance de tir
BT	firing pin	percuteur
BT	firing place	emplacement de tir; poste de tir
BT	firing point	poste de tir; ligne de tir; pas de tir
BT	firing point allocator	placeur au tir; placeur aux emplacements de tir
BT	firing point official	surveillant du tir; surveillant du pas de tir
BT	firing points width	largeur des postes de tir; largeur des emplacements de tir
BT	firing range; shooting range	champ de tir (Canada); stand de tir (Europe)
SJ	firm partition	cloison fixe
FR	firm snow surface	surface bien damée; neige compacte
CL	first; lead	premier (le); première (la)

GN	first aid; first-aid treatment	premiers soins; premiers secours
GN	first-aid equipment	matériel de premiers soins/secours
GN	first-aid kit	trousse de premiers soins/secours
GN	first-aid personnel	équipe de premiers soins/secours
GN	first-aid room	poste de premiers soins/secours
GN	first-aid service	service de premiers soins/secours
GN	first-aid station	poste de premiers soins/secours; poste de secours
GN	first-aid toboggan; first-aid sled	traîneau de premiers soins/secours; luge de premiers soins/secours
GN	first-aid treatment; first aid	premiers soins; premiers secours
SP	first apex block; first apex marker	cône au sommet du premier virage; bloc au sommet du premier virage
SJ	first part of the flight	première partie du vol
GN	first-place team	première équipe au classement; équipe (qui est) première au classement
HK	first play-off game	premier match d'une série éliminatoire; première partie d'une série éliminatoire
BT	first pressure	contact; premier contact
SJ	first row of the platform (coaches)	plancher du premier gradin (entraîneurs)
GN	first run (alpine skiing, bobsleigh and luge)	première descente; première manche (ski alpin, bobsleigh et luge)
SP	first starting line (in mass start)	première ligne de départ (départ en groupe)
BB	first three teams; top three teams	trois premières équipes au classement
SK	FIS; International Ski Federation	FIS; Fédération internationale de ski
AL	FIS Alpine Technical Committee	Comité de technique alpine de la FIS
AL	FIS Committee for Alpine Skiing	Comité du ski alpin de la FIS
SK	FIS Committee for Competition Equipment	Comité de l'équipement de course de la FIS

SJ	FIS controller of jumping hills; FIS hill controller; FIS jumping hill controller	inspecteur des tremplins de la FIS
FR	FIS Freestyle Committee	Comité de ski acrobatique de la FIS
FR	FIS Freestyle Judging Subcommittee	Sous-comité des juges de ski acrobatique de la FIS
SJ	FIS hill controller; FIS jumping hill controller; FIS controller of jumping hills	inspecteur des tremplins de la FIS
XC	fishnet undergarment	maillot de corps à résille; «filet»; tricot de corps en filet
XC	fish-scale bottom	semelle en écailles de poisson
SJ	FIS Jumping Committee	Comité de saut de la FIS
SJ	FIS pass (for a FIS jumping judge)	diplôme de juge de saut de la FIS
SK	FIS Police Committee	Comité du service d'ordre de la FIS
SK	FIS rules (known as ICR)	règlements de la FIS (connus sous l'abrégé RIS)
SK	FIS technical delegate	délégué technique de la FIS
GN	fitness	condition physique; forme (la); bonne forme
GN	Fitness and Amateur Sport, Government of Canada	Condition physique et Sport amateur, Gouvernement du Canada
SK	fixed-interval starts	départs à intervalles réguliers; départs à intervalles fixes
BB	fixed runner	patin immobile; patin fixe
SK	fixed start intervals	intervalles de départ réguliers; intervalles réguliers entre les départs
GN	flag	drapeau
AL	flag (slalom gates)	fanion (portes de slalom)
XC	flag (indicators)	fanion (indicateurs)
AL	flag; direction flag (red and green (course marker))	fanion de piste; fanions directionnels (petits triangles rouges et verts au sol, délimitant la piste)

GN	flag bearer	porteur(euse) de drapeau
AL	flag gate	porte marquée par des fanions; porte balisée par des fanions
XC	flagged track	piste jalonnée; piste balisée; piste marquée
GN	flagpole	mât
CL	flash; silent takeout	flash
SJ	flashing green light (last 10 seconds of countdown)	feu vert intermittent (dernières 10 secondes du compte à rebours)
FI	flat (error in three turn)	plat (erreur dans le virage trois)
FI	flat (error in tracing circles)	plat (erreur dans l'exécution d'un cercle)
XC	flat	plat; terrain sur le plat; section sur le plat
FI	flat curve	courbe plate
CL	flat foot (a type of slide)	à plat (un type de glissade)
CL	flat-foot slide	glissade à pied plat; glissade à plat
ST	flat handstone	pierre plate; pierre plate à affûter
FI	flat of the blade	plat de la lame
LG	flat position (on the sled)	position allongée (sur la luge)
XC	flat section; flat stretch	plat; terrain plat; section sur le plat
XC	flat skiing	ski sur le plat
CL	flat sliding foot	pied de glissade à plat
FI	flat spot (in blade)	partie plate (sur la lame); plat (sur la lame)
SP	flat spot (on the blade)	partie plate (de la lame)
FI	flatter grind	affûtage plus plat
FI	flawless	sans bavure
GN	flexibility	souplesse
SK	flexion and extension	flexion et extension

AL	flex pole; self-redressing pole	piquet articulé
FI	flight (part 3 of a jump)	trajectoire (3e partie d'un saut)
SJ	flight (part of a jump)	vol (composante d'un saut)
FI	flight (push by the skater at the start of the rotation in the air)	envol (poussée du patineur au début de la rotation dans les airs)
AL	flight (in); airborne	dans les airs
FR	flight and height (second phase in aerial manœuvres)	trajectoire et hauteur (2e phase des sauts)
SJ	flight curve (R3) (of the jumping hill)	courbe de vol (R3) (du tremplin)
SJ	flight curve (of a jumper)	ligne de vol (d'un sauteur)
FI	flight position	position durant l'envol
FI	flight position (in a jump)	position dans les airs (dans un saut)
CL	flip	flip
FI	flip (a jump)	flip (un saut)
FR	flip (ballet)	culbute (ballet) (impulsion à l'aide des bâtons)
FI	flip jump	saut flip; flip
FI	flip lift	levée de flip
HK	flip pass	passe soulevée
HK	flip shot	lancer soulevé; tir soulevé
HK	flip (to) the puck	soulever le disque/la rondelle
DS	flip-up connector (on outriggers)	joint relevé (sur un bâton d'appui)
FR	floater (type of jump for aerial manœuvres)	tremplin à sauts droits
HK	floating shot; lobbed shot	lancer flottant; tir flottant
HK	flood (to) the ice	arroser la glace; arroser la patinoire
SJ	floor elevation of the trainers'/coaches' platform	hauteur du plancher de la tribune des entraîneurs
SJ	floor of a compartment	plancher d'une cabine (de juge)

SJ	floor of the trainers'/coaches' platform	plancher de la tribune des entraîneurs
FI	flow (maintenance of linear momentum)	élan (maintien de la force d'impulsion); évolution (série de figures exécutées)
FR	fluid parallel turns	virages fluides en parallèle
SK	fluid wax	fart liquide
AL	flush (gate combination: a series of 3 or more closed gates)	chicane (succession de portes verticales)
FI	flying camel; flying camel spin	pirouette arabesque sautée
FI	flying sit spin	pirouette sautée en position assise
FI	flying spin	pirouette sautée
GN	flying start	départ lancé
HK	flying substitution	changement rapide (de joueurs)
FI	focus (pair and ice dancing)	concentration (couple et danse)
FI	FO; forward outside	AVE; avant extérieur (dans une expression : extérieur(e) avant)
FI	FO edge; forward outside edge (one of the 4 basic edges)	courbe AVE; courbe extérieure avant (une des 4 courbes de base)
FI	FO (figure) eight; forward outside (figure) eight (one of the 4 basic figure eights)	figure huit extérieure avant; figure huit AVE; huit extérieur avant; huit AVE (une des 4 figures de base)
FI	FOI change of edge; FOI change	changement de carre AVEI
CL	follow-through	glissade (continuité de l'élan)
GN	foot bridge; bridge (over the luge or bobsleigh run)	passerelle (au-dessus de la piste de luge ou de bobsleigh)
CL	foot score; hack line	ligne de départ; ligne de lancer; ligne du bloc de départ (Canada); foot score Europe)
FI	footwork (in skating)	jeu de pieds (en patinant)
CL	footwork (in sweeping)	jeu de jambes (en balayant)
FI	footwork sequence	séquence de jeux de pieds

GN	forbidden drug	stupéfiant interdit; substance de dopage interdite; substance dopante interdite
HK	force (to) a play	presser l'adversaire
FI	forced edge	carre forcée
GN	force majeure	cas de force majeure
BB	force of gravity	force de gravité (force d'attraction)
HK	forechecking	échec avant
GN	foreign competitor	coureur(euse)/compétiteur(trice)/participant(e) étranger(ère); coureur(euse)/compétiteur(trice)/participant(e) de l'étranger
CL	foreign object	corps étranger; débris sur la glace; déchets de glace
SJ	forerunner	sauteur d'essai
GN	forerunner (alpine and cross-country skiing, bobsleigh and luge)	ouvreur de piste; ouvreuse de piste (ski alpin, ski de fond, bobsleigh et luge)
BT	forestock	pontet
FI	form (of a figure in compulsories)	forme (d'une figure dans les imposées)
FR	form (ex.: Points given for "form" in aerials)	forme (élément jugé dans l'épreuve de sauts)
HK	forward	avant (un); joueur d'avant
FI	forward; F	avant; AV
FI	forward camel; forward camel spin	pirouette arabesque avant
FI	forward cartwheel	roue avant
FI	forward change of edge	changement de carre avant
FI	forward crossover; forward crosscut	croisé avant
FI	forward dance position	position de danse vers l'avant
XC	forward-driving of the left/right leg	récupération de la jambe gauche/droite
FI	forward edge	courbe avant

FI	forward inside; FI	avant intérieur; AVI; intérieur(e) avant (dans une expression)
FI	forward inside edge; FI edge	carre intérieure avant; carre AVI
FI	forward inside edge; FI edge (one of the 4 basic edges)	courbe intérieure avant; courbe AVI (une des 4 courbes de base)
FI	forward inside (figure) eight; FI (figure) eight (one of the 4 basic figure eights)	figure huit intérieure avant; figure huit AVI; huit intérieur avant; huit AVI (une des 4 figures huit de base)
FI	forward inside L (pushoff thrust)	L avant intérieur (poussée de départ)
FI	forward inside landing; FI landing	réception intérieure avant; réception AVI
FI	forward inside lean; FI lean	inclinaison intérieure avant; inclinaison AVI
FI	forward inside-outside change (of edge); FIO change (of edge)	changement de carre intérieure-extérieure avant; changement de carre AVIE
FI	forward inside T (pushoff thrust)	T avant intérieur (poussée de départ)
FI	forward inside takeoff; FI takeoff	appel intérieur avant; appel AVI
FI	forward inside three; FI three	trois intérieur avant; trois AVI
FI	forward inside three turn; FI three turn	virage trois intérieur avant; virage trois AVI
FI	forward inside turn; FI turn	virage intérieur avant; virage AVI
FI	forward lean	inclinaison avant
HK	forward line	ligne d'attaque; ligne offensive; trio d'attaque; trio offensif
FI	forward loop	boucle avant
FI	forward momentum	impulsion avant
FI	forward outside; FO	avant extérieur; AVE; extérieur(e) avant (dans une expression)
FI	forward outside edge; FO edge	carre extérieure avant; carre AVE
FI	forward outside edge; FO edge (one of the 4 basic edges)	courbe extérieure avant; courbe AVE (une des 4 courbes de base)

FI	forward outside (figure) eight; FO (figure) eight (one of the 4 basic figure eights)	figure huit extérieure avant; figure huit AVE; huit extérieur avant; huit AVE (une des 4 figures huit de base)
FI	forward outside-inside change (of edge); FOI change (of edge)	changement de carre extérieure-intérieure avant; changement de carre AVEI
FI	forward outside landing; FO landing	réception extérieure avant; réception AVE
FI	forward outside lean; FO lean	inclinaison extérieure avant; inclinaison AVE
FI	forward outside T (pushoff thrust)	T avant extérieur (poussée de départ)
FI	forward outside takeoff; FO takeoff	appel extérieur avant; appel AVE
FI	forward outside three; FO three	trois extérieur avant; trois AVE
FI	forward outside three turn; FO three turn	virage trois extérieur avant; virage trois AVE
FI	forward outside turn; FO turn	virage extérieur avant; virage AVE
FI	forward outside V (pushoff thrust)	V avant extérieur (poussée de départ)
HK	forward pass	passe avant
FI	forward position of takeoff	position d'appel avant
FI	forward pushoff	poussée de départ avant
DS	forward sideslip	dérapage diagonal vers l'avant
FI	forward sit spin	pirouette assise avant
DS	forward slip — no hop	dérapage diagonal vers l'avant sans extension
FI	forward spin	pirouette avant
FI	forward step	pas avant
FI	forward stopping	arrêt avant
FI	forward stroking	poussée avant
SP	forward swing	balancement vers l'avant (d'un bras)
CL	forward swing	mouvement avant
FI	forward takeoff edge	carre d'appel avant

FI	forward three	trois avant
FI	forward thrust	poussée avant
FI	forward upright spin	pirouette verticale avant
HK	foul	faute; infraction
GN	foul	coup déloyal
BT	fouling shot	coup tiré avec une arme non dégraissée
AL	four-gate flush	chicane à quatre portes
BB	four-man bob; four-man bobsled; four-man bobsleigh	bob à quatre (l'engin)
BB	four-man bob; four-man bobsleigh (an event)	bob à quatre (une épreuve)
XC	four-step double-pole; four-step double-poling	quatre pas, double poussée
FI	Fourteenstep (dance)	Fourteenstep (danse)
DS	four-track; four-track skier	quatre-traces (un(e)); skieur(euse) à quatre traces
DS	four-tracking (by a rotation of the hips and upper body)	ski à quatre traces (par rotation des hanches et du haut du corps)
DS	four-track skiing (2 skis and 2 outriggers)	ski à quatre traces (2 skis et 2 bâtons d'appui)
DS	four-track (-skiing) demonstrator	démonstrateur(trice) de ski à quatre traces
FI	Foxtrot (dance)	Fox-Trot; Foxtrot (danse)
HK	franchise	concession
FI	free dance; free dancing	danse libre
FI	free foot	pied libre
FI	free-lance coach	entraîneur indépendant
GN	free leg	jambe libre
FI	free-leg motion; free-leg movement	mouvement de la jambe libre
FI	free program (in singles and pairs)	programme libre (en simple et en couple)

BT	free rifle	arme libre
FI	free skating (part of a competition)	style libre; libre (en)
FI	free-skating blade	lame pour le style libre; lame pour le patinage de style libre
FI	free-skating boot	chaussure pour le style libre
FI	free-skating competition	compétition de style libre (épreuve)
FI	free-skating move	mouvement de style libre
FI	free-skating program(me) (in singles and pairs)	programme de style libre (en simple et en couple)
FI	free-skating session	séance de patinage libre
FI	free-skating test	test de style libre
FI	free style (in singles and pairs)	style libre (en simple et en couple)
XC	freestyle; freestyle technique; free technique	style libre; libre (en)
FR	Freestyle Coaching Certification (Canada)	Certification des entraîneurs de ski acrobatique (Canada)
FI	freestyle program(me)	programme de style libre
FR	freestyler; freestyle skier	skieur(euse) de ski acrobatique
FR	freestyle skiing	ski acrobatique
CL	freeze	gel (d'une pierre)
CL	freeze (to) a stone	geler (une pierre)
HK	freeze (to) the puck	immobiliser le disque/la rondelle
SK	fresh snow	neige fraîche
FI	fresh start	nouveau départ
FI	friction	friction
LG	friction coefficient	coefficient de frottement
BB	friction coefficient between the runner and the ice	coefficient de frottement entre le patin et la glace
LG	friction on the rear runner; drag on the rear runner	friction de l'arrière du patin; frottement de l'arrière du patin (sur la piste)

BB	front axle	train avant
LG	front bridge (of the sled)	portique avant (de la luge)
BB	front cowl; cowl	capot
FR	front flip (ballet)	culbute avant (ballet)
FR	front kicker (type of jump for aerial manœuvres)	tremplin pour sauts périlleux avant
FR	front medium kicker (type of jump for front aerial manœuvres)	moyen tremplin pour sauts périlleux avant
SJ	front of the coaches'/trainers' platform	devant de la tribune des entraîneurs
CL	front of the house; top of the house	devant de la maison
SJ	front of the judges' tower	devant de la tribune des juges
LG	front of the runner (of a luge)	devant du patin (de la luge)
SJ	front of the trainers'/coaches's platform	devant de la tribune des entraîneurs
ST	front plate	plaque avant
ST	front-plate setting (on skates)	fixation de la plaque avant (sur des patins)
BB	front point of runner	pointe avant du patin
FR	Front Pole flip (ballet)	saut périlleux avant en appui sur les bâtons (ballet)
CL	front ring(s)	cercle(s) avant
BB	front runner	patin avant; patin antérieur
BT	front sight	mire avant
BT	front-sight cover; ring front-sight	guidon annulaire
FR	front small kicker (type of jump for front aerial manœuvres)	petit tremplin pour sauts périlleux avant
FR	front somersault (aerial jump)	saut périlleux avant
BB	front suspension	suspension avant
BB	front tip of runner	pointe avant du patin

FR	front tuck (aerial jump)	saut périlleux avant groupé; saut périlleux avant position groupée
SP	frosted ice (outside oval)	glace givrée; glace grise (anneau extérieur)
LG	frost-free windowpanes (on the start houses)	fenêtres à l'épreuve du givre (aux postes de départ)
SK	frozen snow	neige glacée
SJ	full balance (of the skier on skis)	plein équilibre (du skieur sur ses skis)
BT	full bore	gros calibre
BT	full-bore rifle	fusil de gros calibre
GN	full second	seconde complète
FR	full twist (aerial jump)	vrille complète (saut)
FR	full twist (ballet)	tour complet (ballet)
FR	full twisting somersault	saut périlleux entièrement vrillé
SJ	fully stretched-out legs	jambes complètement tendues
SJ	fully stretched upper body	haut du corps complètement tendu; buste complètement tendu
DS	functional class(es) (of handicaps)	catégorie(s) de handicaps fonctionnels
SP	functional training	entraînement fonctionnel

g

GN	GAISF; General Association of International Sports Federations	AGFIS; Association générale des fédérations internationales de sports
XC	gaiters	guêtres
GN	game; match	match; partie; rencontre
HK	game misconduct penalty	pénalité/punition de match pour inconduite; pénalité/punition de partie pour inconduite
HK	game timekeeper	chronométreur du match
HK	game-winning goal	but gagnant; but vainqueur (d'un match, d'une partie)

HK	garter	jarretière
AL	gate	porte
AL	gate dimensions	largeur d'une porte; distance entre les fanions
AL	gate flag (on slalom gates)	fanion (portes de slalom)
AL	gatekeeper	juge de porte (sur le parcours)
AL	gatekeeper's card	carte de contrôle (du juge de porte)
AL	gatekeeping; gatekeeper control; passage control	contrôle du passage des portes; contrôle des passages aux portes
AL	gate line	ligne de porte
AL	gate width	largeur d'une porte
BT	gauge	gabarit
GN	gear weight	poids de l'engin (le bob ou la luge)
FR	Gelande (aerial jump)	Gelande (saut)
FI	general all-purpose blade	lame tout usage
GN	General Association of International Sports Federations; GAISF	Association générale des fédérations internationales de sports; AGFIS
SJ	general impression (of a jump)	impression d'ensemble (d'un saut)
HK	general manager	directeur général; directeur-gérant
HK	get rid (to) of the puck; dump (to) the puck	se défaire du disque/de la rondelle
AL	giant slalom; GS	slalom géant; SG; le géant
AL	giant-slalom course	parcours de slalom géant; piste de slalom géant
AL	giant-slalom race; GS race	compétition de slalom géant; compétition de SG
HK	give (to) a penalty; assess (to) a penalty; penalize (to)	infliger une pénalité; infliger une punition; pénaliser
GN	give (to) points for (air, choreography, technical difficulty, etc.)	accorder des points (pour les éléments sauts, chorégraphie, difficulté technique, etc.)

CL	give (to) the ice	placer le balai; indiquer où lancer la pierre
HK	give (to) up the puck; lose (to) the puck	abandonner le disque/la rondelle; perdre le disque/la rondelle
XC	give way (to)	céder la piste
XC	give way (to) at first demand	céder la piste dès la première demande
CL	giving ice	indication de la cible (là où le capitaine place son balai)
HK	glass protector; plexiglass protector	baie vitrée
CL	glide	glissement (de la pierre)
XC	glide (to have good glide)	glisse (avoir une bonne glisse)
XC	glide (to) (the ski on the snow)	glisser (le ski sur la neige)
CL	glide (to) (the stone on the ice)	glisser (la pierre sur la glace)
FI	glide; gliding	glissé; glissade
XC	glide; gliding; stride	glissement
FI	glide (to); run (to) (the blade on the ice)	glisser (la lame sur la glace)
ST	glide out (to) of edge	glisser de la carre; déraper
FI	gliding; glide	glissade; glissé
XC	gliding; glide; stride	glissement
LG	gliding ability (of the runners)	glisse (des patins)
FI	gliding edge	carre de glissade
FI	gliding foot	pied qui glisse
XC	gliding step	pas glissé
HK	glove; mitt (goaler)	gant; mitaine (gardien de but)
SK	glove	gant
HK	glove grab; glove save	arrêt (par le gardien avec le gant/la mitaine)
HK	glove (to) the puck	passer le disque/la rondelle avec le gant

XC	Go!	Allez!
BT	Go! (start signal)	Partez! (signal de départ)
HK	goal	but; point (marqué par un joueur)
HK	goal (to)	garder le but
HK	goal; net	but; cage; filet (du gardien)
HK	goal average	moyenne de buts
HK	goal crease	enceinte du but; enclave du gardien; entrée du but
HK	goaler; goalkeeper; goaltender; netminder	gardien de but
HK	goaler blocker	carré du gardien de but (pièce d'équipement)
HK	goal front	devant du but; devant du filet (autre que l'enceinte)
HK	goal judge	juge de but
HK	goalkeeper; goaler; goaltender; netminder	gardien de but
HK	goal line	ligne de but; ligne du but
HK	goal mask; face guard; face mask	masque (de gardien)
HK	goal opening	ouverture du but; ouverture du filet
HK	goal pipe	amarre de but
HK	goal post	poteau de but (on entend souvent «poteau des buts»)
HK	goal shooter	marqueur du but (qui a marqué le but); tireur au but (qui a effectué le lancer)
HK	goal slot	embouchure du filet; embouchure du but
HK	goaltender; goaler; goalkeeper; netminder	gardien de but
HK	goal umpire	arbitre de but
HK	go (to) around the goal; go (to) around the net	contourner le but; contourner le filet; contourner la cage

GN	goggles	lunettes; lunettes de sécurité; lunettes de protection
GN	goggle strap	élastique de lunettes
CL	going home; coming home	dernière manche; dernier bout
GN	gold (ex.; to receive a gold)	or (médaille) (ex. : se voir décerner l'or)
GN	gold medal	médaille d'or
HK	gong	gong
SP	good angle in the legs	bon angle des jambes; jambes dans un bon angle
SP	good low position	bonne position basse; bonne position de base
CL	goose neck (of the stone)	cou de cygne (de la pierre)
SP	Go to the start!	À la ligne de départ!
FI	"grab"; hitting toe-pick	accrochage des dents de pointe (sur la glace)
CL	grab (to); overcurl (to); cut too much (to); take off (to)	dévier (se dit de la pierre)
BB	grade; gradient	pente moyenne; gradient
SK	gradient	inclinaison; pente moyenne
SJ	gradient of the landing slope	inclinaison de la zone de réception
FR	Grand Prix points system	système de points du Grand Prix
GN	grandstand	tribune; estrade
CL	granite stone (Scottish term)	pierre de granit
SK	granular snow	neige granuleuse
SK	graphite	graphite
BT	grease (to)	graisser
AL	green (direction) flags (right side of the course)	fanions verts (directionnels); fanions de piste (balises du côté droit de la piste)
CL	green ice	glace dure

HK	green light	lumière verte
SJ	green light	feu vert
SJ	green line (marking table point)	ligne verte (indiquant le point de table)
ST	grind; grinding	affûtage; aiguisage
ST	grinding stone; edging stone	pierre d'affûtage; pierre à affûter; petite pierre
ST	grindstone	meule à affûter; meule à aiguiser
BB	grip	poignée
CL	grip (of the handle)	prise (de la poignée)
CL	grip (rubber sole)	frein (semelle de caoutchouc, sous l'une des deux chaussures)
FR	groomed course	parcours damé
XC	groomed trail	piste damée; piste entretenue (à l'aide de machinerie)
SK	grooming	damage des pistes; entretien des pistes; préparation des pistes; aménagement des pistes
FI	groove (on the blade)	rainure (sous la lame)
SK	groove (under the ski)	rainure (sous le ski)
HK	gross-misconduct penalty	pénalité/punition pour grossière inconduite
GN	group	groupement; groupe
HK	group (A-B-C); pool (A-B-C)	groupe (A-B-C); poule (A-B-C)
FR	group combination	combinaison de sauts faisant partie du même groupe
GN	group division; grouping	classement par groupe
AL	group draw	tirage au sort par groupe
XC	grouping	classement par série
SJ	grouping of competitors	répartition des compétiteurs en groupes

BT	grouping of shots	groupement de tirs
FI	group instruction; group lesson	leçon de groupe
FI	group skating	patinage en groupe
XC	group start; mass start	départ de groupe; départ en groupe; départ de masse; départ en masse; départs simultanés
AL	GS; giant slalom	SG; slalom géant
CL	guard	garde (une)
ST	guard (for blade); blade guard	protège-lame
DS	guide (for blind skiers)	guide (pour skieurs aveugles)
BT	gunsmith	armurier
BT	gun strap	bretelle de tir
FR	gut flip (ballet)	culbute groupée (ballet)
FR	Gut Pole flip (ballet)	culbute groupée en appui sur les bâtons (ballet)
FR	gymnastics move (ballet)	mouvement de gymnastique (ballet)

h

CL	hack (America); crampit (Europe)	bloc de départ; appui-pied (Canada); crampit (Europe)
CL	hack line; foot score	ligne de départ; ligne de lancer; ligne du bloc de départ (Canada); foot score (Europe)
CL	hack weight	pesanteur de bloc de départ
AL	hairpin (a series of 2 closed gates)	tracé en épingle à cheveux; double porte verticale; double verticale
LG	hairpin curve	virage en épingle à cheveux
FI	half flip (a jump)	demi-flip (un saut)
XC	half herringbone	demi-ciseaux
XC	half-herringbone step	pas de demi-ciseaux; montée en demi-ciseaux

FI	half loop; 1/2 loop (a jump)	demi-boucle (un saut)
FI	half-loop jump	saut de demi-boucle
FI	half Lutz (a jump)	demi-Lutz (un saut)
XC	half-minute intervals	intervalles de 30 secondes
SJ	half-point	demi-point
FI	half sequence (in ice dancing)	demi-séquence (en danse)
HK	half-time	mi-temps
FI	half toe loop; 1/2 toe loop; one-half toe loop	demi-boucle piqué (un saut)
FI	half toe loop jump	saut de demi-boucle piqué
FI	half turn; 1/2 turn; one-half turn	demi-révolution
FR	half twist (aerial jump)	demi-vrille (saut)
FR	half twist (ballet)	demi-tour (ballet)
GN	Hall of Fame	Temple de la renommée
CL	hammer (last shot of the end)	marteau (dernier lancer d'une manche)
FR	hand contact with the ground (ballet) (a good manœuvre)	toucher du sol avec la main (ballet) (une bonne manœuvre)
ST	hand finishing (of blade grinding)	finissage à la main (de l'affûtage des lames)
FI	hand-in-hand (a hold in pairs and ice dancing)	main dans la main (une façon de tenir son/sa partenaire en couple et en danse)
FI	hand-in-hand hold	prise main dans la main
FI	hand-in-hand position	position main dans la main
CL	handle (of a brush)	manche (d'une brosse)
BT	handle (of gun)	poignée (de fusil)
LG	handle (of the sled)	poignée (de la luge)
CL	handle (of the stone)	poignée (de la pierre)
HK	handle (to) the puck with the hand (illegal)	manier la rondelle/le disque avec la main (illégal)

HK	handling (illegal)	maniement du disque/de la rondelle avec la main (illégal)
SK	hand-over (of the relay); handing-over of the relay (in biathlon, cross-country skiing and nordic combined)	passage du relais; remise du relais; échange de relayeur (en biathlon, ski de fond et combiné nordique)
SK	hand-over zone; exchange zone; relay exchange zone	zone de passage des relais; zone du passage de relais
SK	hand-over zone referee	juge dans la zone de passage; juge du passage dans la zone de relais; juge du passage des relais
LG	hand protector	gant protecteur
FI	hand-shake-hand hold	prise poignée de main
ST	hand sharpening	affûtage à la main
ST	handstone	pierre plate; pierre plate à affûter
BT	hand support (for rifles) (not allowed)	appui-main (non permis)
SK	hand timing	chronométrage manuel
FI	hand-to-hand stroking	poussée-élan main dans la main (couple)
CL	hang (to); drift out (to); stay out (to)	tomber (se dit de la pierre)
HK	hard bodycheck (Canada); hard body check (Canada and USA); severe bodycheck (Canada); severe body check (Canada and USA)	mise en échec sévère; rude mise en échec
ST	hard ice; stiff ice	glace dure (glace sèche qui ne glisse pas)
SJ	hard landing	réception dure
SJ	hard-packed (jumping) hill	tremplin damé ferme
SJ	hard-packed (jumping) hill track	piste damée ferme
HK	hard-pressed player	joueur harcelé
HK	hard shot; powerful shot	lancer puissant; tir puissant
SK	hard snow	neige dure
SK	''hardware'' (skis, ski boots, bindings, ski poles, etc.)	équipement rigide (skis, chaussures de ski, fixations, bâtons, etc.)

SK	hard wax	fart dur (en bâtonnet)
FI	harmonious composition	composition harmonieuse
SJ	harmonious movement	mouvement harmonieux
FI	harness (teaching aid)	harnais (aide pour l'enseignement)
BB	''harrow-type'' brake	frein de type « herse »; frein de type « à rateau »
HK	hat trick	tour du chapeau
SP	have (to) a race reskated	faire reprendre une course
XC	HD; height difference	DA; différence d'altitude
CL	head; end	manche; bout (Canada); parcours (Europe)
CL	head; house	maison (Canada); but; grand rond
FI	head back spin; headback spin	pirouette dos cambré; pirouette cambrée
XC	headband	serre-tête
HK	head coach	entraîneur-chef
GN	headgear; helmet; crash helmet; protective helmet	casque protecteur; casque de protection
FR	head judge (of jury)	juge en chef (du jury)
BT	head recorder	chef des calculs; chef du bureau des calculs
BT	head timer	chef chronométreur
FI	head-to-toe lean	inclinaison de la tête au pied
CL	head umpire	arbitre en chef
SP	hearing-impaired skater	patineur(euse) malentendant(e); patineur(euse) dur(e) d'oreilles
GN	heat	manche
SP	heats	éliminatoires
LG	heat (to) the runners; heat (to) the steels	chauffer les patins; chauffer la semelle des patins
CL	heavy (delivery)	lancer pesant

CL	heavy ice	glace dure
SK	heel (of a ski)	talon (du ski)
DS	heeling (on outriggers)	pression sur le talon (du bâton d'appui)
SK	heel piece (of a binding)	talonnière (partie arrière d'une fixation)
ST	heel plate (part of the blade)	plaque du talon (partie de la lame)
ST	heel-plate setting	fixation de la plaque du talon (sur des patins)
ST	heel setting	fixation de la lame au niveau du talon (sur des patins)
ST	heel support	renfort de talon
SJ	height difference	différence de hauteur
XC	height difference; HD (between the lowest and the highest points)	différence d'altitude; DA (entre le point le plus bas et le point le plus élevé)
XC	height of climb	longueur d'une montée
XC	height of the course	hauteur de la piste (pour une épreuve); hauteur des pistes (pour les diverses épreuves)
SJ	height of the takeoff of the jumping hill	hauteur de l'inclinaison de la table du tremplin
FR	Helicopter (aerial jump)	Hélicoptère (saut)
HK	helmet (forwards and defencemen)	casque protecteur (joueurs d'avant et de défense)
GN	helmet; crash helmet; headgear; protective helmet	casque protecteur; casque de protection
HK	helmet shield; face shield; face guard; face protector	pare-visage; visière protectrice; protecteur facial
SP	helping stride	poussée d'appoint
XC	herringbone step	pas de ciseaux; pas de canard; montée en ciseaux; montée en canard
HK	"he scores!"	«et c'est le but!»; «il compte»

HK	high-calibre player	joueur de fort calibre
SJ	higher start	plate-forme plus haute
FI	highest number of obtainable points	nombre maximum de points possibles
XC	highest point of a cross-country course	point le plus élevé d'une piste; point le plus élevé d'un parcours de ski de fond
XC	highest point of the trail	point le plus élevé de la piste
SJ	highest score (eliminated)	note la plus élevée (supprimée)
SJ	highest starting gate	plate-forme de départ la plus haute
HK	high-in-the-air pass	passe par la voie des airs
FI	high level (a level in space)	niveau supérieur (une division de l'espace)
SP	high point	point haut de la lame
BT	high screen (on shooting range)	écran blindé (au champ de tir)
HK	high shot	lancer haut; lancer élevé; tir haut; tir élevé
AL	high-speed curve	virage passé à haute vitesse
HK	high stick	bâton élevé
HK	highstick (to) (Canada); high-stick (to) (USA)	porter son bâton élevé
HK	highsticking (Canada); high sticking (USA) (infraction)	avoir porté son bâton trop élevé (infraction)
SJ	hill; jumping hill (a permanent structure for ski jumping or ski flying, which is different from the "ski jump" or "jump", a snow-built construction for aerial events)	tremplin; piste de saut (selon le contexte)
XC	hill climbing	montée (l'action)
SJ	hill maintenance; jumping hill maintenance	entretien de la piste; préparation du tremplin
SJ	hill with mat covering; jumping hill with mat covering	tremplin avec revêtement de plastique; tremplin avec tapis de plastique

GN	hinder (to); impede (to); interfere (to) with (a competitor)	gêner un(e) compétiteur(trice); entraver le jeu d'un(e) compétiteur(trice); nuire à la performance d'un(e) compétiteur(trice)
LG	hind rider; lower rider	assistant pilote; pilote en second
BT	hit	impact
CL	hit and roll (a)	frappé-roulé
CL	hit and stay (to)	frapper et demeurer
HK	hitting an official; striking an official (infraction)	avoir frappé un officiel (infraction)
FI	hitting toe-pick; "grab"	accrochage des dents de pointe (sur la glace)
CL	hitting weight	pesanteur de lancer de sortie
HK	hockey; ice hockey	hockey (sur glace)
HK	hockey arena	patinoire pour le hockey
HK	hockey boot	chaussure de hockey
HK	hockey pants; ice-hockey pants	culotte de hockey
HK	hockey player	joueur de hockey
HK	hockey skate	patin de hockey
HK	hockey stick	bâton de hockey
CL	hog (to) a stone	lancer « hors-jeu »
CL	hogged rock; hog	pierre hors-jeu; cochon (jargon de curling)
CL	hog line; hog score	ligne de jeu (Canada); ligne des cochons (jargon); hog score (Europe)
GN	hoist (to) the flags	hisser les couleurs; hisser les drapeaux
FI	hold	emprise (sur une position au classement)
HK	hold (to)	retenir (un adversaire)

FI	hold (to a skating partner)	prise (façon de tenir son/sa partenaire)
GN	hold (to) a record	détenir un record
HK	holding (infraction)	avoir retenu (infraction)
ST	hollow	creux (sur la lame)
FI	hollow ground	affûtage concave
FI	hollow ground (on the blade); curved ''hollow''	« creux » incurvé; creux de la lame
FI	home club	club d'appartenance
FI	home coach	entraîneur du club; entraîneur attitré
HK	home game	match à domicile; partie à domicile
LG	homemade weight vest	veste lestée de fabrication domestique
SP	home straight	ligne droite d'arrivée
HK	home team	équipe locale
GN	homologation (of the course or hill)	homologation (de la piste ou d'un tremplin)
ST	honing stone	pierre à affûter; pierre à aiguiser
GN	honorary stand	tribune d'honneur; estrade d'honneur
GN	honour award; honor award	prix d'honneur; prix honorifique
GN	honour lap; honor lap	tour d'honneur
HK	hook	crochet
FI	hook (to)	faire un crochet
HK	hook (to) (infraction)	accrocher (infraction)
FI	hooked pushoff	poussée-élan accrochée (correcte); poussée de départ en crochet; poussée-élan en forme de crochet (incorrecte)
FI	hooked start	départ en crochet
FI	hooked turn	virage en forme de crochet
HK	hooking (infraction)	accrochage; avoir accroché (infraction)

DS	hop	saut; petit saut
FI	hop (sometimes "jump") (in a linear motion)	petit saut (dans un mouvement linéaire)
FI	horizontal component (of a jump takeoff)	composante horizontale (de l'appel d'un saut)
AL	horizontal distance (of a jump or a course)	distance horizontale (d'un saut ou d'un parcours
AL	horizontal gate (an open gate)	porte horizontale (une porte ouverte)
SJ	horizontal outrun	zone de dégagement horizontale; piste de dégagement horizontale
SJ	horizontal position (of skis and jumper in flight)	position horizontale (des skis et du sauteur durant le vol)
FI	horizontal speed; horizontal velocity (at takeoff and in landing)	vitesse horizontale (au moment de l'appel et de la réception)
HK	horn; siren	sirène
GN	host; hostess	hôte; hôtesse
GN	host (to) a competition	organiser une compétition; être l'hôte d'une compétition
GN	host city	ville hôte
GN	host country; host nation	pays hôte; nation hôte
GN	hosting application	candidature pour obtenir la tenue d'une compétition
CL	house; head	maison (Canada); but; grand rond
GN	hundreth of a second	centième de seconde
HK	hurt (to)	blesser
GN	hyperthermia	hyperthermie
GN	hypothermia	hypothermie

i

FI	I; inside	I; intérieur(e)
FI	ice captain	capitaine de piste
FI	ice carnival; carnival	revue sur glace

FI	Ice Committee (of a club)	Comité de la patinoire (d'un club)
FI	Ice Committee Chairman	Président du Comité de la patinoire
FI	ice coverage	utilisation de la glace; utilisation de la surface de glace
FI	ice dancing (an event)	patinage artistique danse (une épreuve)
FI	ice dancing (category of skaters and type of event)	danse sur glace; danse (catégorie de patineurs et genre d'épreuve)
GN	iced track; iced run; icy track; icy run (luge and bobsleigh track)	piste glacée; piste de glace (piste de luge et de bobsleigh)
ST	ice grooming; ice maintenance	entretien de la glace; entretien de la patinoire
CL	ice grooming; ice maintenance (of the curling rinks)	entretien de la glace; entretien des pistes de curling
HK	ice hockey	hockey sur glace
HK	ice-hockey glove	gant de hockey
HK	ice-hockey pants; hockey pants	culotte de hockey
HK	ice-hockey player	joueur de hockey sur glace
ST	ice machine; zamboni; zamboni ice machine	resurfaceuse de glace; resurfaceuse
ST	ice maintenance; ice grooming	entretien de la glace; entretien de la patinoire
CL	ice maintenance; ice grooming (of the curling rinks)	entretien de la glace; entretien des pistes de curling
FI	ice patch	parcelle de glace
FI	ice patch number	numéro de parcelle de glace
FI	ice pattern	tracé sur la glace
ST	ice rink	patinoire
FI	ice selection (to begin a routine)	choix de l'emplacement sur la glace (pour commencer une routine); choix de la glace (pour commencer une routine)
FI	ice show	spectacle sur glace

ST	ice skating	patinage sur glace
FI	ice supply	disponibilité de la patinoire
ST	ice surface (skating and curling)	surface de glace; surface glacée (patinage et curling)
FI	ice time	temps d'utilisation de la patinoire; temps de glace
SP	ice-track measurements	dimensions de la piste de glace
GN	icing (the luge and bobsleigh track)	réfrigération (revêtement de glace de la piste)
HK	icing (the puck)	dégagement refusé; déblaiement refusé
SK	ICR; International Ski Competition Rules (The)	RIS; Les règlements des concours internationaux du ski
LG	icy labyrinth (track)	labyrinthe glacé; labyrinthe de glace
GN	icy run; icy track; iced run; iced track (luge and bobsleigh track)	piste glacée; piste de glace (piste de luge et de bobsleigh)
GN	icy wall (luge and bobsleigh)	paroi glacée (luge et bobsleigh)
SJ	ideal jump	saut idéal (par un sauteur)
SJ	ideal position of the skier in flight	position idéale du skieur en vol
HK	IIHF; International Ice Hockey Federation	I.I.H.F.; Fédération internationale de hockey sur glace (sigle non officiel en français)
HK	illegal curve on a stick (infraction)	courbe de lame de bâton illégale; courbe de palette de bâton illégale (infraction)
HK	illegal equipment	équipement non réglementaire
SP	illumination of the track	éclairage de la piste
FR	Illusion (ballet spin)	Illusion (vrille en ballet)
LG	imaginary run (mental readiness)	descente imaginaire (préparation mentale)
BB	immovable push bar	poignée de poussée fixe
SJ	impact at landing	contact à la réception

CL	impart (to) a turn (onto the rock)	imprimer un mouvement de rotation (à la pierre au moment du lâcher)
GN	impede (to); hinder (to); interfere (to) with (a competitor)	entraver le jeu d'un(e) compétiteur(trice); nuire à la performance d'un(e) compétiteur(trice); gêner un(e) compétiteur(trice)
GN	improper conduct	mauvaise conduite
FI	impulse	impulsion
FI	Ina Bauer (a free skating move)	Ina Bauer (un mouvement de patinage en libre)
FR	in-air rotation (ballet)	rotation dans les airs (ballet)
FR	in and out of the manœuvre	au début et à la fin de l'exécution
SJ	inclination of takeoff	inclinaison de la table du tremplin; angle d'inclinaison de la table du tremplin
SJ	inclination of the M-stretch	inclinaison de la zone M
SJ	incline of the takeoff track	inclinaison de la piste d'élan
HK	incoherent play; erratic play; ragged play	jeu décousu; jeu incohérent
BT	incorrect target	mauvaise cible
SP	increase of swing	augmentation de l'élan d'un (ou des) bras; augmentation du balancement d'un (ou des) bras
CL	increase (to) the length of the delivery	augmenter la distance couverte sous l'impulsion du lancer
GN	individual competition; individual event; individual race	épreuve individuelle; course individuelle
XC	individual competition course	parcours des épreuves individuelles; piste des épreuves individuelles
FI	individual skating	patinage individuel; patinage en simple
SK	individual starts	départs décalés
SJ	individual style (of the jumper)	style personnel (du sauteur)
SJ	individual style point	note de style de chaque juge

SP	indoor competition; indoor meet	compétition sur piste intérieure; rencontre sur piste intérieure; patinage en salle
GN	indoor (ice) rink	patinoire intérieure; patinoire couverte
SP	indoor long track speed skating (400 m)	patinage de vitesse intérieur sur longue piste (400 m)
SP	indoor mass start	départ en groupe sur piste intérieure
SP	indoor meet; indoor competition	rencontre sur piste intérieure; compétition sur piste intérieure; patinage en salle
SP	indoor relay race	course à relais sur piste intérieure
SP	indoor short track speed skating (111 m)	patinage de vitesse intérieur sur courte piste (111 m)
SP	indoor skate	patin de patinage intérieur
ST	indoor skating	patinage à l'intérieur; patinage en salle
SP	indoor speed skating	patinage de vitesse sur piste intérieure
SP	indoor track	piste intérieure
GN	information service(s)	services d'information; service de l'information
GN	infraction of the rules	infraction au règlement
GN	infringed rule	règlement enfreint
GN	infringement of the rules	non-respect du règlement
SK	initiation (second phase of ski turn)	déclenchement (2e phase d'un virage en ski)
FI	in-line jump (pairs)	saut « en ligne » (couple)
SP	in line with the finish line	dans l'alignement de la ligne d'arrivée
CL	inner circle	cercle intérieur; plus petit cercle
SP	inner curve	petit virage; virage intérieur
SP	inner curve radius	rayon de courbure du petit virage
SP	inner edge (of a skate blade)	carre intérieure (d'une lame de patin)

LG	inner edge (of the runner)	arête intérieure (du patin)
CL	inner edge (of the sheet)	bord intérieur (de la piste)
SP	inner lane	couloir intérieur
SP	inner-lane curve	virage du couloir intérieur
BT	inner ring (of a circular target)	anneau central (d'une cible circulaire)
CL	inner ring (of the house)	cercle intérieur; plus petit cercle
GN	inner shoe	chaussure intérieure
GN	inner sock	chausson; chaussette
SP	inner starting position (in mass start)	position de départ la plus à l'intérieur (départ en groupe)
FR	in-place choreographic movement	mouvement chorégraphique sur place
CL	in play	en jeu
CL	in-play stone	pierre en jeu
FI	''in'' position; closed position (while airborne in a jump)	position « groupée »; position fermée (dans un saut, dans les airs)
XC	in racing condition (state of the course)	dans des conditions de course (état de la piste)
FR	inrun	piste d'envol
SJ	inrun (of the jumping hill)	piste d'élan; élan
SJ	inrun (part of a jump)	élan (composante d'un saut)
SJ	inrun area (on the jumping hill)	piste d'élan
SJ	inrun speed	vitesse de l'élan
SJ	inrun speed measuring installation	appareil de mesure de la vitesse de l'élan (du sauteur)
SJ	inrun starting point	point de départ (sur le haut de la piste d'élan; fixé selon les conditions de neige); plate-forme de départ
SJ	inrun track	trace sur la piste d'élan
SP	inside	intérieur
FI	inside; I	intérieur(e); I

FR	Inside (ballet)	saut intérieur (ballet)
FR	Inside (crossover downhill ski, edgeset) (takeoff in ballet)	saut intérieur (croisé avant ski aval, prise de carres) (envol en ballet)
FR	Inside 360, 540, 720, etc. degrees (ballet jump)	saut intérieur 360, 540, 720, etc. degrés (saut en ballet)
FR	Inside 720 (ballet)	Inside 720 (ballet)
FI	inside Axel (a jump)	Axel intérieur (un saut)
FI	inside edge	courbe intérieure
FI	inside edge (of a skate blade)	carre intérieure (d'une lame de patin)
FI	inside flat (of the blade)	plat intérieur (de la lame)
FI	inside loop	boucle intérieure
AL	inside pole; inside gate pole	piquet intérieur
SK	inside ski (in a turn)	ski intérieur (dans un virage)
FR	Inside Staycross 360, 540, 720, etc. degrees (ballet jump)	Staycross intérieur 360, 540, 720, etc. degrés (saut en ballet)
FI	inside takeoff edge	carre d'appel intérieure
FI	inside three (a jump)	trois intérieur (un saut)
FI	inside track (in ice dancing)	voie intérieure (en danse)
SK	inspect (to) the course (by officials)	inspecter la piste (par les officiels)
HK	instructor (of a hockey team)	instructeur (d'une équipe de hockey; il dirige l'équipe derrière le banc)
XC	intentional obstruction	obstruction intentionnelle
HK	intercepted pass; blocked pass	passe interceptée; passe neutralisée; passe bloquée
HK	intercepted shot	lancer intercepté; tir intercepté
HK	interception	interception
FI	inter-club/interclub competition; interclubs	compétition interclubs
HK	interference (infraction)	obstruction (infraction)
FI	interference with music	arrêt de la musique; interruption de la musique

GN	interfere (to) with; hinder (to); impede (a competitor)	entraver le jeu d'un(e) compétiteur (trice); nuire à la performance d'un(e) compétiteur(trice); gêner un(e) compétiteur(trice)
GN	interim results	résultats non officiels; résultats intermédiaires (si toutes les manches n'ont pas été disputées)
SP	intermediate distance; middle distance	demi-distance
SP	intermediate-distance race; middle-distance race	course de demi-fond
SP	intermediate-distance (speed) skater; middle-distance (speed) skater	patineur(euse) (de vitesse) de demi-fond; coureur(euse) de demi-fond
SP	intermediate-distance training; middle-distance training	entraînement de demi-fond
XC	intermediate event; intermediate-distance event; middle-distance event	demi-fond; épreuve de demi-fond
SJ	intermediate jumping hill; intermediate hill	tremplin moyen
GN	intermediate placing (after x competitors)	classement provisoire (après x concurrents)
SP	intermediate speed	vitesse intermédiaire
GN	intermediate time	temps intermédiaire (après une manche d'une compétition de 2, 3 ou 4 manches au cumul des temps); parfois: temps de passage (à une distance donnée en cours d'épreuve)
XC	intermediate timing station	poste de prise des temps de passage; poste de prise des temps intermédiaires
HK	intermission (between two periods)	pause; entracte (entre deux périodes)
BT	International Biathlon Calendar	Calendrier international du biathlon
BB	International Bobsleigh and Tobogganing Federation; FIBT (unofficial in English)	Fédération internationale de bobsleigh et de tobogganing; F.I.B.T.
GN	International Broadcasting Centre	Centre international de radio-télévision

GN	International Broadcasting Union Group of Experts on Broadcast Matters	Groupe d'experts en matière de radiodiffusion de l'Union internationale de radiodiffusion
LG	international calibre luge track	piste de luge de calibre international
SK	International Competition Calendar	Calendrier des compétitions internationales
HK	International Ice Hockey Federation; IIHF	Fédération internationale de hockey sur glace; I.I.H.F. (appellation non officielle en français)
BB	International Judge of the F.I.B.T.	Juge international de la F.I.B.T.
LG	International Luge Racing Federation; FIL	Fédération internationale de luge de course; FIL
LG	International Luge Racing Regulations; I.R.O.	Règlement international de luge (non traduit en français); I.R.O.
GN	International Olympic Committee; IOC	Comité International Olympique; C.I.O.
GN	international referee	arbitre international; juge international
GN	international referee licence (given to international referees)	licence internationale d'officiel (remise aux arbitres internationaux)
ST	International Skating Union; ISU	Union internationale de patinage; U.I.P.
FI	International Skating Union Test System	Programme des tests de l'Union internationale de patinage
SK	International Ski Federation; FIS	Fédération internationale de ski; FIS
GN	international sports federation	fédération sportive internationale
BT	International Union of Modern Pentathlon and Biathlon; UIPMB	Union internationale de pentathlon moderne et de biathlon; U.I.P.M.B.
FR	interpret (to) the music	interpréter la musique
SJ	interrupt (to) a round	interrompre une manche
BB	interruption of a heat	interruption d'une manche; arrêt d'une manche
HK	interruption of the game	arrêt du jeu; arrêt de jeu

FI	intersection (of the short and the long axis of the figure eight)	intersection (du petit axe et du grand axe de la figure huit)
SK	Interski	Interski
SK	interval	intervalle (entre deux départs)
SK	interval start	départs décalés; départs par intervalles
GN	interval training	entraînement par intervalles
FI	''in the field'' (on the ice)	« sur le terrain » (sur la glace)
GN	intramural	intra-mural; intra-muros
FI	introduction (to ice dancing)	pas d'introduction (à la danse sur glace)
CL	in-turn	effet intérieur
CL	in-turn grip	prise pour effet intérieur
FI	in-unison dance position	position de danse à l'unisson
FR	inverted aerial (aerial jump)	saut périlleux
FR	inverted manœuvre	manœuvre à la verticale inversée; saut périlleux
FI	invitational competition; invitational event	compétition invitation
LG	inward pressure	pression vers l'intérieur
GN	IOC; International Olympic Committee	C.I.O.; Comité International Olympique
LG	I.R.O.; International Luge Racing Regulations	Règlement international de luge; I.R.O. (non traduit en français)
BB	iron ballast	lest de fer
FR	Iron Cross (aerial jump)	Iron Cross (croix de fer) (saut)
SK	irregular-interval starts	départs à intervalles irréguliers; départs à intervalles non réguliers
SK	irregular start intervals	intervalles de départ irréguliers; intervalles irréguliers entre les départs
XC	irregular terrain	terrain accidenté

ST	ISU; International Skating Union	U.I.P.; Union internationale de patinage
SP	ISU short track meet	compétition sur courte piste de l'I.S.U.
SP	ISU Speed Skating Championships	Championnats de patinage de vitesse de l'I.S.U.
FI	I.S.U. Test System	Programme des tests de l'U.I.P.

j

FR	Javelin (ballet spin)	Javelin (vrille en ballet)
FR	Javelin position (ballet)	position Javelin (ballet)
FR	Javelin sit spin (ballet)	vrille Javelin position assise (ballet)
FR	Javelin spin (ballet)	vrille Javelin (ballet)
BB	jig	calibre; gabarit
ST	jig; sharpening jig	étau (pour affûter); équipement d'affûtage
HK	jock-strap (Canada); jockstrap (USA); athletic support	coquille
GN	judge	juge
GN	judge (to)	juger
SJ	judge (to) a jump	apprécier un saut
SJ	judges' compartments	cabines pour les juges
FR	judges' protocol	comptes rendus des juges
FR	judges' stand	tribune des juges; estrade des juges
SJ	judges' tower; jumping judges' tower; judging tower	tribune des juges (appelée aussi « tour des juges »)
GN	judging	appréciation (des juges)
GN	judging card	fiche de juge
FR	judging criteria	critères des juges
SJ	judging of a jump	notation d'un saut

SJ	judging of falls	appréciation des chutes
GN	judging regulations	règles d'arbitrage
FI	judging sheet; marking card	feuille de notation (à l'usage des juges)
GN	jump	saut
FI	jump (sometimes); hop (in a linear motion)	petit saut (dans un mouvement linéaire)
SJ	jump (of a ski jumper): 1. inrun, 2. takeoff, 3. flight, 4. landing, 5. outrun	saut (d'un sauteur à ski): 1. élan, 2. détente, envoi, 3. vol, 4. réception, 5. dégagement
FR	jump; ski jump (a snow-built construction shaped before an aerial event, which is different from the "jumping hill" or "hill", a permanent structure for ski jumping or ski flying)	tremplin
BB	jump (to) aboard	sauter dans le bob
FI	jump camel spin	pirouette arabesque sautée; pirouette sautée en position arabesque
FI	jump change spin	pirouette sautée avec changement de pied
FI	jump combination	combinaison de sauts
SJ	jump distance	longueur d'un saut
FI	jumped spin; jump spin	pirouette sautée
FI	jumped turn	virage sauté
SJ	jumper; ski jumper	sauteur (de saut à ski) (discipline pour hommes seulement)
SJ	jump(ing) competition; ski jumping competition	compétition de saut à ski
ND	jumping event (of the nordic combined: 3 jumps on the 70-metre hill)	épreuve de saut à ski (du combiné nordique : 3 sauts au tremplin de 70 mètres)
SJ	jumping event; ski jumping event	épreuve de saut à ski

SJ	jumping hill; hill (a permanent structure for ski jumping or ski flying, is different from the "ski jump", or "jump", a snow-built construction for aerial events)	tremplin; piste de saut (selon le contexte)
SJ	(jumping) hill bowl	extrémité de la piste de dégagement
SJ	jumping hill maintenance	entretien de la piste; préparation du tremplin
SJ	jumping hill profile; profile of a jumping hill	profil d'un tremplin
SJ	(jumping) hill record	saut record enregistré sur le tremplin; record enregistré sur le tremplin; record du tremplin
SJ	jumping hill with mat covering	tremplin avec revêtement de plastique; tremplin avec tapis de plastique
SJ	jumping ski	ski de saut
FR	jump scores (2) (aerial event)	marques de saut (2) (épreuve de sauts)
FI	jump sequence	séquence de sauts
FI	jump series	série de sauts
FI	jump sit spin	pirouette sautée assise; pirouette sautée en position assise
FI	jump spin; jumped spin	pirouette sautée
SJ	jump staging building	installation d'apprêt au saut
FI	jump takeoff	départ de saut
FR	jump transition	transition entre le tremplin et le plateau
FR	jump width	largeur du tremplin
FI	Junior Bronze Dance	danse junior bronze
FI	Junior Bronze Dance Test	test de danse junior bronze
FI	Junior Bronze Free Skate Test	test de style libre junior bronze
FI	Junior Bronze Level	niveau junior bronze
SJ	junior class	catégorie junior/Junior

FI	Junior I.S.U. competition; Junior I.S.U. event	compétition junior de l'U.I.P.
HK	junior league	ligue junior
FI	Junior (level)	niveau junior
HK	junior player	joueur junior; junior (un)
FI	Junior Silver Dance Test	test de danse junior argent
FI	Junior Silver Free Skate Test	test de patinage libre junior argent
FI	Junior Silver Level	niveau junior argent
HK	junior team	équipe junior
GN	jury; competition jury	jury; jury de compétition
GN	jury of appeal	jury d'appel
HK	juvenile player	joueur juvénile; juvénile (un)

k

SJ	K; critical point	point critique; K
CL	keen ice	glace rapide
XC	keep (to) the course clear	garder la piste dégagée; veiller à ce que la piste soit dégagée
HK	key player	joueur clé
HK	key save; big save	arrêt clé
BT	kick	recul
FR	kicker (type of jump for aerial manœuvres)	tremplin pour sauts périlleux
XC	kicker wax; purchase wax.	fart de retenue
HK	kicking another player	coup de patin donné à un joueur
HK	kicking the puck	coup de patin donné sur le disque/la rondelle
SP	kick-off	impulsion
HK	kick shot	tir botté

HK	kick (to) the puck	donner un coup de patin sur la rondelle/le disque
HK	kidney pad	protège-reins
LG	kidney protector	protège-reins
FI	Kilian (dance)	Kilian (danse)
FI	Kilian (dance) position; Kilian (in ice dancing, especially for the Tango Fiesta)	Kilian; position Kilian (façon de tenir son/sa partenaire en danse sur glace, surtout en Tango Fiesta)
FI	Kilian hold (for pair spins)	prise en position Kilian (pour pirouettes en couple)
FI	Kilian hold (in ice dancing, especially for the Tango Fiesta)	prise en position Kilian (façon de tenir son/sa partenaire en danse sur glace, surtout en Tango Fiesta)
FI	Kilian lift	levée Kilian
FI	Kilian position	position Kilian
FI	Kilian spin	pirouette en position Kilian (couple)
FI	Kilian stroking	poussée-élan en position Kilian; poussée-élan en Kilian (couple)
HK	kill (to) time	gagner du temps; tuer le temps
XC	kilometre board; kilometre sign	panneau kilométrique
FI	kinesthetic sense; kinaesthetic sense	sensibilité kinesthésique; sens kinesthésique
FI	knee flex	flexion du genou
GN	knee guard; knee pad; knee protector	genouillère
HK	kneeing (infraction)	avoir donné du genou (infraction)
BT	kneeling	à genoux
LG	knee pad; knee protector; knee cap guard	genouillère
HK	knock down (to) a player	projeter un joueur sur la glace
FR	knoll	plateau
SJ	knoll (R3)	piste de réception (R3)
FR	knoll area	plateau

FR	knoll length	longueur du plateau
LG	know (to) the track inside out	connaître la piste à fond
LG	Kunstbahn; Kunstbahn track	Kunstbahn; piste artificielle; piste de Kunstbahn
LG	Kunstbahn sled	luge de Kunstbahn; luge pour piste artificielle

l

FI	L; left	G; gauche
GN	labyrinth (bobsleigh and luge)	labyrinthe (bobsleigh et luge)
ST	lace	lacet
ST	lacing	laçage
XC	ladies' 10 km; 10 km — ladies (an event)	fond femmes 10 km; 10 km — femmes (une épreuve)
XC	ladies' 20 km; 20 km — ladies (an event)	fond femmes 20 km; 20 km — femmes (une épreuve)
SP	ladies' 3000 m relay (short track) (an event)	patinage de vitesse sur courte piste, relais 3000 m femmes (une épreuve)
XC	ladies' 4 x 5 km; 4 x 5 km — ladies; ladies' 4 x 5 km relay; 4 x 5 km relay-ladies (an event)	fond femmes 4 x 5 km; 4 x 5 km — femmes; fond femmes relais 4 x 5 km; relais 4 x 5 km — femmes (une épreuve)
XC	ladies' 5 km; 5 km — ladies (an event)	fond femmes 5 km; 5 km — femmes (une épreuve)
SP	ladies' 500 m (1000 m, 1500 m, 3000 m) (short track) (events)	patinage de vitesse sur courte piste, 500 m, (1000 m, 1500 m, 3000 m) femmes (épreuves)
SP	ladies' 500 m (1000 m, 1500 m, 5000 m) (events)	patinage de vitesse, 500 m (1000 m, 1500 m, 3000 m, 5000 m) femmes (épreuves)
AL	ladies' combined (downhill and slalom) (an event)	combiné femmes (descente et slalom) (une épreuve)
FI	ladies' competition	compétition des femmes
AL	ladies' downhill (an event)	descente femmes (une épreuve)

AL	ladies' giant slalom; ladies' GS (an event)	slalom géant femmes; SG femmes (une épreuve)
FI	ladies' singles (an event)	patinage artistique femmes (une épreuve)
LG	ladies' singles; ladies' single seaters (an event)	luge simple femmes (une épreuve)
AL	ladies' slalom (an event)	slalom femmes (une épreuve)
AL	ladies' super giant slalom; ladies' Super G (an event)	slalom super géant femmes; Super G femmes (une épreuve)
FR	landing (ex.: Points given for "landing" in aerials)	atterrissage (élément jugé dans l'épreuve de sauts)
FR	landing (3rd phase of aerial manœuvres)	atterrissage (3e phase des sauts)
FI	landing (4th part of a lift)	réception (4e partie d'une levée)
FI	landing (part 4 of a jump)	réception au sol (4e partie d'un saut); réception
SJ	landing (part of a jump)	réception (composante d'un saut)
FR	landing area	piste d'atterrissage
SJ	landing-area gradient	inclinaison de la zone de réception
SJ	landing area M (between P and K)	zone de réception M (entre P et K)
FI	landing edge	carre de réception; carre d'arrivée
FR	landing hill	piste d'atterrissage
SJ	landing impact	contact à la réception
AL	landing on a counter-slope	réception sur une contrepente
AL	landing on a flat	réception sur le plat
AL	landing on a sidehill	réception sur une pente en dévers; réception sur une pente en biais
FI	landing position	position de réception (position à avoir); position à la réception (position qu'a le(la) patineur(euse) à la réception)
SJ	landing slope L	zone de réception courbée L (appelée aussi «piste de réception»)

FR	landing surface	surface de la piste d'atterrissage
SJ	landing too low	réception trop basse
SJ	landing with elasticity	réception souple
SJ	landing with feet even (without telemark position)	réception avec les pieds parallèles (sans position de télémark)
SP	lane	couloir
BT	lane order	ordre des lignes de tir
BT	lane recorder	secrétaire de tir
SP	lane width	largeur du couloir
GN	lap (of the course)	tour de piste
SP	lap (to) (a skater)	boucler; dépasser (un(e) patineur(euse))
GN	lap (to) (a competitor)	dépasser (un(e) compétiteur(trice))
SP	lap recorder	compteur de tours
SP	lap scorer	marqueur de tours
GN	lapse	intervalle
SP	lap time	temps par tour
SP	lap timing	chronométrage d'un tour
BT	large bore	gros calibre
BT	large-bore rifle	fusil de gros calibre
SJ	large-hill competition (90 m)	compétition sur grand tremplin (90 m)
SJ	large (jumping) hill (90 m)	grand tremplin (90 m)
FI	lasso	lasso (dans les levées — couple)
BT	last 100 m (metres)	le dernier 100 mètres
XC	last 200 m (metres)	le dernier 200 mètres
SP	last lap	dernier tour
GN	last placings	dernières places au classement
CL	last rock	dernière pierre; marteau

SK	late arrival	retard; arrivée en retard
SK	late entry	inscription tardive (Canada); inscription en retard (Canada); enregistrement tardif (Europe); enregistrement en retard (Europe)
XC	lateral braking	freinage latéral
XC	lateral braking effect	effet de freinage latéral
DS	lateral movement	mouvement latéral
HK	lateral pass	passe latérale; passe de côté
GN	late start	départ en retard; départ tardif (d'un concurrent)
GN	late start	départ retardé; retard du départ (de la course); retard au départ (de la course)
SJ	latter part of the flight	dernière partie du vol; à la fin du vol
FI	Law of Conservation of Momentum	Loi de la conservation de la quantité de mouvement
FI	layback position	position cambrée
FI	layback spin; lay-back spin	pirouette dos cambré; pirouette cambrée
SJ	layer of sawdust (on outrun)	couche de sciure (de bois) (sur la zone de dégagement)
FI	layout	tracé
GN	layout (for a competition)	installations (pour une compétition); ensemble des installations (pour une compétition)
SK	layout (of a course)	aménagement (d'une piste)
FR	layout (position)	position étendue
FI	LBI; left backward inside	GARI; gauche arrière intérieur (dans une expression : intérieur(e) gauche arrière)
FI	LBIO change (of edges)	changement de carres GARIE
FI	LBO; left backward outside	GARE; gauche arrière extérieur (dans une expression : extérieur(e) gauche arrière)

GN	lead	avance
CL	lead; first	premier (le); première (la)
CL	lead (to) at first end	ouvrir la première manche
BB	lead ballast	lest de plomb
LG	lead disk insert (to the weight vest)	disquette de plomb ajoutée (à la veste)
CL	lead foot (for sweeping)	pied de glissade; pied avant
SP	lead(ing) arm	bras qui dirige le mouvement
FI	leading foot	pied en avant; pied avant
HK	leading scorer	le meilleur marqueur (de buts); le meneur (au chapitre des buts comptés)
SP	lead skater	patineur(euse) en tête; meneur(euse)
HK	league	ligue
FI	lean; leaning	inclinaison
SP	lean (to) forward	se pencher en avant; se pencher vers l'avant
SJ	lean (to) forward	pencher le corps en avant
AL	leaning pole	piquet incliné
SP	lean (to) inside	se pencher vers le dedans (du virage)
FI	lean into an edge	inclinaison sur une carre
FI	lean into the circle	inclinaison à l'intérieur du cercle
FI	lean (to) into the curve (the body)	s'incliner vers la courbe (le corps)
FI	lean into the edge	inclinaison sur la carre
FI	lean on an edge	inclinaison sur une carre
FI	lean out of the circle	inclinaison à l'extérieur du cercle
CL	leather washer	anneau scellé
HK	leave the game	quitter le match
HK	leave (to) the ice	quitter la glace; quitter la patinoire

XC	leave (to) the prepared course	quitter la piste balisée; quitter la piste tracée
FI	left; L	gauche; G
HK	left back	arrière gauche (joueur de défense)
FI	left back inside edge; left backward inside edge; LBI edge	carre intérieure gauche arrière; carre GARI
FI	left back outside edge; left backward outside edge; LBO edge	carre extérieure gauche arrière; carre GARE
FI	left backward inside; LBI	gauche arrière intérieur; GARI; intérieur(e) gauche arrière (dans une expression)
FI	left backward outside; LBO	gauche arrière extérieur; GARE; extérieur(e) gauche arrière (dans une expression)
GN	left curve (of a bobsleigh or luge track)	virage à gauche (d'une piste de bobsleigh ou de luge)
FI	left-foot stroke	poussée de la jambe gauche
HK	left forward	avant gauche (joueur)
FI	left forward inside; LFI	gauche avant intérieur; GAVI; intérieur(e) gauche avant (dans une expression)
FI	left forward inside edge; LFI edge	carre intérieure gauche avant; carre GAVI
FI	left forward outside; LFO	gauche avant extérieur; GAVE; extérieur(e) gauche avant (dans une expression)
FI	left forward outside edge; LFO edge	carre extérieure gauche avant; carre GAVE
CL	left-handed player	joueur gaucher; joueuse gauchère
FI	left inside edge; LI edge	carre intérieure gauche; carre GI
FI	left outside edge; LO edge	carre extérieure gauche; carre GE
BB	left runner	patin gauche; patin du côté gauche (un fixe et un articulé)
HK	left side; left wing	aile gauche; flanc gauche (position)
FI	left toe backward	piqué gauche arrière

SP	left track (marked in blue)	piste de gauche (tracée en bleu)
FI	left upright spin	pirouette verticale dans le sens inverse des aiguilles d'une montre; pirouette verticale vers la gauche
HK	left wing; left side	aile gauche; flanc gauche (position)
HK	left wing; left winger	ailier gauche
XC	leg (of a race)	étape (d'une course)
FR	Leg Breaker (ballet spin)	Leg Breaker (vrille en ballet)
HK	leg guard; leg pad; leg protector	jambière
SJ	legs fully stretched out	jambes complètement tendues
DS	leg side	côté de la jambe fonctionnelle
LG	leg steering	guidage (de la luge) à l'aide des jambes; pression sur la luge à l'aide des jambes
SK	lengthened-interval starts	départs à intervalles rallongés
SK	lengthened start intervals	intervalles de départ rallongés; intervalles rallongés entre les départs
XC	lengthening of the finish line	prolongement de la ligne d'arrivée
SJ	length of a jump	longueur d'un saut
ST	length of blade; blade length	longueur de la lame
FI	length of free skating	durée du programme libre; durée du programme de style libre
HK	length of match	durée du match; durée de la partie
GN	length of run; length of track (luge or bobsleigh track)	longueur de la piste (de luge ou de bobsleigh)
CL	length of the (curling) sheet	longueur de la piste (de curling)
FI	length of the curve	longueur de la courbe
CL	length of the delivery	longueur du lancer (par le joueur)
CL	length of the delivery	longueur de la trajectoire (parcourue par la pierre)

SJ	length of the inrun	longueur de la piste d'élan; longueur de l'élan
SJ	length of the takeoff	longueur de la table du tremplin
XC	length of the trail; trail length	longueur de la piste
SJ	length recorder	secrétaire aux mesures de longueurs
FI	less hollow grind	affûtage moins marqué; affûtage moins profond
SJ	level (jumping) hill	tremplin nivelé
SJ	level (jumping) hill track	piste nivelée
FI	level(l)ed edges	carres de niveau (sur une lame)
XC	level section	parcours sur le plat; section de la piste sur le plat
FI	LFI; left forward inside	GAVI; gauche avant intérieur (dans une expression : intérieur(e) gauche avant)
FI	LFIO change (of edges)	changement de carres GAVIE
FI	LFO; left forward outside	GAVE; gauche avant extérieur (dans une expression : extérieur(e) gauche avant)
GN	licensing; licencing	octroi de permis
CL	lie (to) (a stone)	placer (une pierre)
CL	lie count; lying count; potential point	point potentiel
FI	LI edge; left inside edge	carre GI; carre intérieure gauche
FI	lift	impulsion
FI	lift (pair skating) (ice dancing)	levée (à préférer); porté (en couple et en danse)
FI	lift action; lifting motion	mouvement de levée
SK	lift facilities	remontées mécaniques
FI	lifting motion; lift action	mouvement de levée
SK	lift line (of skiers)	ligne de skieurs (attendant leur tour au bas d'une remontée)
SK	lift line (under the chairs)	tracé d'une remontée mécanique

FI	lift-off	poussée à la verticale (saut); impulsion
FI	lift-off position; ''up'' position (in a jump)	position d'envol; position de poussée (dans un saut)
SK	lift tower	pylône d'une remontée mécanique
CL	light (delivery)	lancer mou
CL	light (rock); underthrown (rock)	pierre légère
XC	light barrier	barrière de lumière
LG	lighting (of the track)	éclairage (de la piste)
LG	lightweight steel (on practice sleds)	lame en acier léger (sur les luges d'entraînement)
SP	limited entry	nombre limité d'inscriptions (Canada); nombre limité d'enregistrements (Europe)
XC	limit (to) the course	limiter l'utilisation de la piste
HK	line (on the ice)	ligne (sur la glace)
HK	line (players)	trio; formation; ligne (joueurs)
FR	line (skier's path)	ligne (trajectoire du skieur/de la skieuse)
FI	linear momentum	impulsion linéaire
FI	linear motion	mouvement linéaire
FI	linear movement	déplacement linéaire
HK	line change; player change	changement de ligne; changement de trio; changement de joueurs
CL	line of flight	ligne de lancer
BT	line of sight	ligne de mire
CL	line score	pointage linéaire; pointage en ligne (sur le tableau international)
HK	linesman	juge de ligne
FI	line-up; lineup	alignement
HK	line-up; lineup	formation; alignement

HK	line-up; lineup (of the team)	composition (de l'équipe)
FR	linked parallel turns	virages enchaînés en parallèle; virages en parallèle enchaînés
FR	linked (movements)	enchaînés (mouvements)
XC	link (to) turns	enchaîner les virages
CL	lip (of the cup or of the stone)	pourtour (de la bordure ou de la pierre)
BT	load (to) a rifle	charger une arme
BT	loading (a rifle) with a magazine	chargement (d'une arme) à l'aide d'un chargeur
HK	lobbed pass	passe par la voie des airs; passe levée
HK	lobbed shot; floating shot	lancer flottant; tir flottant
FI	lobe (step or sequence of steps in ice dancing)	lobe (pas ou série de pas en danse)
GN	locker room	salle de casiers
FI	LO edge; left outside edge	carre GE; carre extérieure gauche
BT	logistics chief	chef de la logistique
FR	Long Around spin (ballet)	vrille Long Around (ballet)
FI	long axis (in tracing edges and in figure eight)	grand axe (dans l'exécution de courbes et de la figure huit)
FI	long axis; continuous axis (for ice dancing)	axe continu (pour la danse sur glace)
SP	long blade	longue lame
FI	long change (of edge)	changement de carre long
SP	long-distance race	course de fond; épreuve de fond
SP	long-distance (speed) skater	coureur(euse) de fond; patineur(euse) (de vitesse) de fond
SP	long-distance training	entraînement de fond
XC	long event; long-distance event	longue distance; épreuve de longue distance; épreuve de fond
CL	long guard	garde longue

FI	longitudinal axis (for ice dancing)	axe longitudinal (pour la danse sur glace)
FI	long program(me) (in singles and pairs)	programme long (en simple et en couple)
DS	long-radius christie	parallèle à long rayon
DS	long-radius turn	virage à long rayon
SP	long sammelagt	long sammelagt
HK	long shot	lancer à distance; tir à distance; lancer de loin; tir de loin
SP	long-sleeved clothing	maillot à manches longues
FI	loop (a jump); loop jump	boucle (un saut); saut de boucle; Rittberger (un saut)
ND	loop (of the course)	boucle (de la piste)
FI	loop (on the ice)	boucle (sur la glace)
FR	Loop (using downhill ski to gain height) (ballet jump)	Boucle (en utilisant le ski aval pour gagner de la hauteur) (saut en ballet)
FI	loop lift	levée de boucle
FI	loop//loop (combination jumps)	saut de boucle//saut de boucle (combinaison)
FI	loop//loop combination	combinaison de deux sauts de boucle
FI	loop//loop//loop combination	trois sauts de boucle successifs; combinaison de trois sauts de boucle
SP	loose arm	bras ballant
CL	loose broom straw	paille détachée du balai
CL	loose brush hair	poil détaché de la brosse
HK	loose puck	disque libre; rondelle libre
XC	loppet	loppet
GN	lose (to)	être défait(e); perdre
CL	lose (to) balance	perdre l'équilibre

HK	lose (to) the puck; give up (to) the puck	perdre le disque/la rondelle; abandonner le disque/la rondelle
SP	lose (to) the swing	perdre de l'élan; perdre le momentum du balancement de bras
HK	losing streak	série de défaites; série d'échecs; série de revers
CL	loss	défaite
HK	loss; defeat	défaite; échec; revers
SJ	loss of balance	perte d'équilibre
SJ	loss of points	perte de points
XC	loss of rhythm	perte de rythme; perte d'allure
FR	loss of a ski	perte d'un ski
XC	loss of time	perte de temps
BT	lost ammunition; lost rounds	munitions perdues
CL	lost turn	effet perdu
FR	lower body	bas du corps; partie inférieure du corps
BT	lower edge of the trigger guard	bord inférieur du devant du pontet
LG	lower rider; hind rider	assistant pilote; pilote en second
SK	lower ski	ski aval
SJ	lower start (on the jumping hill)	plate-forme plus basse (sur le tremplin)
SJ	lowest score (eliminated)	note la plus basse (supprimée)
XC	lowest point (of the trail/course)	point le plus bas (de la piste/du parcours)
SJ	lowest starting gate	plate-forme de départ la plus basse
XC	lowest starting number	numéro de dossard le plus petit
SJ	low landing	réception basse
FI	low level; deep level (a level in space)	niveau inférieur (une division de l'espace)
SP	low position	position basse

FI	low waltz spin (pairs)	pirouette basse valsée (couple)
FI	L pushoff (a backward pushoff)	poussée de départ en L (une poussée arrière)
LG	luge (the sport)	luge (le sport)
LG	luge athlete; luger; luge racer	athlète de luge; lugeur; lugeuse
LG	luge competition; luge race	compétition de luge
LG	luge competitor	compétiteur(trice) de luge
LG	luger; luge racer; luge athlete	lugeur; lugeuse; athlète de luge
LG	luge race; luge competition	compétition de luge
LG	luge sled; luge; sled	luge (l'engin)
LG	luge speed suit; speed suit	survêtement pour la luge
LG	luge sport; sport of luge; tobogganing	sport de luge
LG	luge track; luge run	piste de luge
LG	luge training suit	survêtement d'entraînement pour la luge
GN	luminous figures (on a scoreboard)	chiffres lumineux; caractères lumineux (sur un tableau d'affichage)
FI	lump on the blade	protubérance sur la lame
FI	Lutz (a jump); Lutz jump	Lutz (un saut); saut Lutz
FI	Lutz lift	levée de Lutz
CL	lying count; lie count; potential point	point potentiel

m

XC	machine-made track	piste damée; piste tracée (à l'aide de machinerie)
FI	made-to-measure boot	chaussure faite sur mesure
BT	magazine	chargeur
SJ	magnet (on one of the skis)	aimant (sur l'un des skis)

BT	magnifying effect (of sighting system)	effet grossissant (du système de visée)
HK	maim (to)	blesser gravement
SJ	maintained crouch position	position accroupie maintenue
GN	maintenance of the track; maintenance of the run; track maintenance; run maintenance (bobsleigh or luge track)	entretien de la piste (de bobsleigh ou de luge)
BT	main trace	trace principale
XC	main trail	piste principale
SJ	major fault	faute majeure
SJ	major fault not corrected	faute majeure non corrigée
HK	major league	ligue majeure
XC	major offence	infraction majeure
HK	major penalty (5 minutes)	pénalité majeure; punition majeure (5 minutes)
HK	make (to) a pass; feed (to) a pass; pass (to)	faire une passe; passer le disque/la rondelle (à un coéquipier)
SP	make (to) a good finish	bien terminer la course
HK	man advantage	avantage numérique
XC	manicured trail	piste entretenue; sentier entretenu
GN	manually operated scoreboard	tableau d'affichage manuel
GN	manual timekeeping; manual timing	chronométrage manuel
XC	marathon skate	pas de demi-patinage; pas de demi-patineur; demi-pas de patinage
FR	marginal lighting conditions	mauvaise visibilité du relief des bosses; mauvaise visibilité du relief de la piste
FI	mark	note
SJ	mark (to) a jump	accorder des notes pour un saut; noter un saut

XC	marked course; marked trail	piste balisée/jalonnée/fléchée; parcours balisé/jalonné/fléché; sentier balisé/jalonné/fléché
XC	marked ski	ski marqué
SK	marker	marqueur; baliseur; traceur (de piste)
FI	marking	notation
AL	marking (of the finish line)	balisage (de la ligne d'arrivée)
AL	markings (on the course)	signes (sur la piste); repères (indication)
FI	marking card; judging sheet	feuille de notation (à l'usage des juges)
GN	marking flag	drapeau indicateur; fanion
FI	marking of centres (in figures)	marquage des centres (pour les figures)
XC	marking of skis	marquage des skis
SK	marking of the course; marking of the trail	balisage de la piste; balisage du parcours; jalonnement de la piste; jalonnement du parcours
SJ	marking of the snow profile	marquage du profil de neige
XC	marking post	poste de marquage
BT	marking (skis and rifles)	marquage (des skis et des armes)
BT	marksman	bon tireur; tireur d'élite
GN	mascot	mascotte
XC	mass start; group start	départ de masse; départ en masse; départs simultanés; départ de groupe; départ en groupe
SP	mass start; "pack style" start (short track)	départ en groupe (courte piste)
SP	mat; protective mat	matelas protecteur
CL	match	match; partie
HK	match; game	match; partie; rencontre
HK	match penalty	pénalité de match; punition de match

SJ	mat covering	revêtement de plastique; tapis de plastique
CL	mate; vice-skip; third	troisième (le/la); vice-capitaine
SJ	mat weight	poids du revêtement de plastique
CL	maximum circumference (of the stone) (36 inches)	circonférence maximale (de la pierre) (36 pouces ou 91,4 cm)
XC	maximum climb; MM	montée maximale; MM
SK	maximum incline	pente maximale
GN	maximum length of the run; maximum length of the track (bobsleigh or luge track)	longueur maximale de la piste; longueur maximum de la piste (de bobsleigh ou de luge)
AL	maximum slope (steepness)	inclinaison maximale
AL	maximum vertical drop	dénivellation maximale
BB	maximum weight	poids maximum; poids limite
CL	maximum weight (of the stone) (44 lb.)	poids maximal (de la pierre) (44 lb ou 19,96 kg)
FI	Mazurka; Mazurka jump	Mazurka (un saut); saut Mazurka
SJ	measured distance (of a jump)	longueur mesurée (d'un saut)
SJ	measured jump distance	longueur de saut mesurée
SJ	measurement installations; measurement devices	appareils de mesure
LG	measurement of runner temperature; temperature check of the runners	vérification de la température des patins
SJ	measurer	mesureur
BB	measuring device for temperature of runners	appareil de mesure de la température des patins
SJ	measuring inrun speed	mesure de la vitesse de l'élan du sauteur
XC	measuring of the course	mesurage de la piste; mesurage du parcours
[illegible]	measuring point of the light barrier; measuring point of the photo barrier	point de mesurage des barrières de lumière; point de mesurage des barrières de photo

SJ	measuring tape in feet or metres	ruban à mesurer en pieds ou en mètres
SJ	measuring the distance of a jump	mesure de la longueur d'un saut
SJ	measuring wind speed	mesure de la vitesse du vent
LG	mechanical braking devices	système de freinage mécanique
BT	mechanical target	cible mécanique
XC	mechanical track-maker	machine à tracer les pistes; appareil de traçage mécanique
GN	medal	médaille
GN	medal-giving ceremony	cérémonie de remise des médailles
GN	medal(l)ist	gagnant d'une médaille; médaillé(e)
HK	medal round	ronde des médailles
SK	Medical Committee (of FIS)	Comité médical (de la FIS)
FR	medium kicker (front and back) (type of jump for front and back aerial manœuvres)	moyen tremplin pour sauts périlleux (avant et arrière)
DS	medium-radius christie	parallèle à moyen rayon
DS	medium-radius turn	virage à moyen rayon
AL	medium-speed curve	virage passé à vitesse moyenne
SP	meet co-ordinator	coordonnateur de la compétition; coordonnateur de la rencontre
SJ	meet (not to) requirements of an article of the rules	contrevenir aux dispositions d'un article du règlement
HK	melee; pile-up; scramble	empilage; mêlée
GN	member of a team	membre d'une équipe; équipier; équipière
GN	member of the jury; jury member	membre du jury
LG	mental imagery (of the run)	configuration mentale (de la descente)
DS	mentally handicapped (person)	handicapé(e) mental(e)
GN	mental practice; mental readiness; mental rehearsal	préparation mentale

XC	men's 15 km; 15 km — men (an event)	fond hommes 15 km; 15 km — hommes (une épreuve)
XC	men's 30 km; 30 km — men (an event)	fond hommes 30 km; 30 km — hommes (une épreuve)
XC	men's 4 x 10 km; 4 x 10 km — men; men's 4 x 10 km relay; 4 x 10 km relay — men (an event)	fond hommes 4 x 10 km; 4 x 10 km — hommes; fond hommes relais 4 x 10 km; relais 4 x 10 km — hommes (une épreuve)
XC	men's 50 km; 50 km — men (an event)	fond hommes 50 km; 50 km — hommes (une épreuve)
SP	men's 500 m (1000 m, 1500 m, 3000 m) (short track) (events)	patinage de vitesse sur courte piste, 500 m (1000 m, 1500 m, 3000 m) hommes (épreuves)
SP	men's 500 m (1000 m, 1500 m, 5000 m, 10 000 m) (events)	patinage de vitesse, 500 m (1000 m, 1500 m, 5000 m, 10 000 m) hommes (épreuves)
SP	men's 5000 m relay (short track) (an event)	patinage de vitesse sur courte piste, relais 5000 m hommes (une épreuve)
AL	men's combined (downhill and slalom) (an event)	combiné hommes (descente et slalom) (une épreuve)
LG	men's doubles; men's double seaters (an event)	luge double hommes (une épreuve)
AL	men's downhill (an event)	descente hommes (une épreuve)
AL	men's giant slalom; men's GS (an event)	slalom géant hommes; SG hommes (une épreuve)
FI	men's singles (an event)	patinage artistique hommes (une épreuve)
LG	men's singles; men's single seaters (an event)	luge simple hommes (une épreuve)
AL	men's slalom (an event)	slalom hommes (une épreuve)
LG	men's start	départ hommes
AL	men's super giant slalom (an event); men's Super G	slalom super géant hommes; Super G hommes (une épreuve)
GN	men's team	équipe masculine
AL	metal edge	carre métallique

SK	metal pole	bâton métallique; bâton de métal
BT	metal target (in cardboard)	cible métallique (dans un carton)
SK	metal tip (of the pole)	pointe métallique (du bâton)
FI	middle back of the blade	partie médiane de la lame
SP	middle-distance; intermediate distance	demi-fond; demi-distance
SP	middle-distance race; intermediate-distance race	course de demi-fond
SP	middle-distance (speed) skater; intermediate-distance (speed) skater	coureur(euse) de demi-fond; patineur(euse) (de vitesse) de demi-fond
SP	middle-distance training; intermediate-distance training	entraînement de demi-fond
FI	middle level (a level in space)	niveau intermédiaire (une division de l'espace)
FI	middle line (of circle)	ligne médiane (du cercle)
BB	middleman	coéquipier
SJ	middle of the outrun	milieu de la zone de dégagement (par rapport au tremplin); milieu de la piste de dégagement (par rapport au skieur)
HK	midget player	joueur midget; midget (un)
FI	midline (for ice dancing)	ligne médiane (en danse sur glace)
AL	mid-mountain lodge	chalet à flanc de montagne
FR	minimal visible effort	minimum d'effort apparent
BB	minimum average grade	pente moyenne minimum
CL	minimum height (of the stone) (1/8 of the circumference)	hauteur minimale (de la pierre) (1/8 de la circonférence)
SK	minimum incline	pente minimale
GN	minimum length of the run; minimum length of the track (bobsleigh or luge track)	longueur minimale de la piste; longueur minimum de la piste (de bobsleigh ou de luge)
FI	minimum mark	note minimale; note minimum
AL	minimum slope (steepness)	inclinaison minimale

AL	minimum vertical drop	dénivellation minimale
SJ	minor fault	faute mineure
SJ	minor fault not corrected	faute mineure non corrigée
HK	minor league	ligue mineure
HK	minor penalty (2 minutes)	pénalité mineure; punition mineure (2 minutes)
SJ	minus point	point en moins
FI	mirror skating; symmetrical skating (pairs)	patinage reflété; patinage symétrique (couple)
HK	misconduct (infraction)	inconduite (infraction)
HK	misconduct penalty (10 minutes)	pénalité pour inconduite; punition pour inconduite (10 minutes)
BT	misfire	défectuosité technique des cartouches
GN	misprint in the results	erreur d'écriture sur la liste des résultats; faute d'impression sur la liste des résultats
HK	miss (to) a scoring chance; miss (to) an opportunity to score	rater une occasion de marquer
HK	missed in-the-air pass	passe ratée au vol
HK	missed pass	passe manquée; passe ratée
BT	missed shot	coup raté; tir raté; coup manqué; tir manqué
SP	missing block; missing marker	bloc manquant; cône manquant
AL	miss (to) the gate	manquer la porte (faute de passage)
HK	miss (to) the goal	manquer le filet
SJ	mistake at the transition	faute à la transition; faute au raccordement
SJ	mistake during flight	faute survenue en vol
SJ	mistake on landing	faute à la réception
SP	mitt	moufle
HK	mitt; glove (goaler)	mitaine; gant (gardien de but)
CL	mixed curling	curling mixte

CL	Mixed Curling Championship	Championnat mixte de curling
XC	MM; maximum climb	MM; montée maximale
FI	Mo; Mohawk (a dance step)	Mo; Mohawk (un pas de danse)
DS	modified giant slalom for above-the-knee amputees	slalom géant pour amputés au-dessus du genou
GN	mogul	bosse
FR	mogul aerial groups	groupes de sauts dans le ski sur bosses
FR	mogul course; mogul site	parcours pour le ski sur bosses
AL	mogul cutter	aplanisseur de bosses; planeur de bosses (machinerie)
FR	moguled course	parcours couvert de bosses
FR	mogul event	ski sur bosses (l'épreuve); épreuve des bosses; épreuve de ski sur bosses
FR	mogul run	parcours de bosses
FR	moguls (an event)	bosses (une épreuve de ski acrobatique)
FR	mogul site; mogul course	parcours pour le ski sur bosses
FR	mogul skiing	ski sur bosses
FI	Mohawk; Mo (a dance step)	Mohawk; Mo (un pas de danse)
FI	Mohawk entry	entrée du Mohawk
FI	moment (of a force)	moment d'une force
FI	moment of inertia	moment d'inertie
FI	momentum (mass x velocity)	moment linéaire (masse x vitesse)
XC	moon-cut basket	panier en demi-lune
FI	more hollow grind	affûtage plus marqué; affûtage plus profond
HK	mouthguard; mouthpiece	protège-dents; protège-bouche
SP	movable block; movable marker	cône mobile; bloc mobile
BB	movable runner	patin mobile; patin articulé

DS	moveable connector (on outriggers)	joint articulé (sur un bâton d'appui)
HK	move (to) an opponent away; steer (to) an opponent away	faire déborder un joueur adverse; faire déborder un adversaire
HK	move up (to) the ice	ouvrir la machine
FI	moving edge	carre en mouvement
CL	moving stone	pierre en mouvement
XC	MT; total climbs	MT; montée totale
FR	Mule Kick (aerial jump)	Mule Kick (saut)
FR	multiple manœuvres	manœuvres multiples
FI	multiple rotational jump	saut avec rotations multiples
FR	multiple spins	vrilles multiples
FI	multiplying factor	coefficient multiplicateur
BT	muzzle velocity (of ammunition)	vitesse de départ (des cartouches)

n

LG	nailed boot	chaussure à clous
CL	narrow (rock)	pierre étroite; pierre mince
SJ	narrow ski position	position étroite des skis
FI	national badge	écusson national (Canada)
GN	National Championship	Championnat national
GN	National Coaching Certification Program(me) (Canada)	Programme national de certification des entraîneurs (Canada)
HK	National Hockey League; NHL	Ligue nationale de hockey; L.N.H.
SP	National Indoor Short Track Team Trials	essais nationaux/canadiens sur courte piste intérieure; essais/éliminatoires pour la composition de l'équipe nationale/canadienne de patinage de vitesse sur courte piste intérieure
GN	National Olympic Committee; NOC	Comité national olympique; CNO

SP	National Outdoor Team Trials	essais nationaux/canadiens sur piste extérieure; essais/éliminatoires pour la composition de l'équipe nationale/canadienne de patinage de vitesse sur piste extérieure
GN	national record	record national (performance)
FI	National Skating Test Program(me)	Programme des tests nationaux de patinage artistique
FI	National Skating Tests; N.S.T.	tests nationaux de patinage artistique
SK	national ski association	association nationale de ski
SK	national ski team	équipe nationale de ski
GN	National Sport and Recreation Centre; NSRC	Centre national du sport et de la récréation; C.N.S.R.
GN	National Sport Organization(s); NSO (before 1987: National Sport Governing Body(ies); NSGB)	Association(s) sportive(s) nationale(s); ASN (avant 1987 : Organisme(s) national(aux) directeur(s) de sport; O.N.D.S.)
GN	national sports federation	fédération sportive nationale
GN	national team	équipe nationale
SP	National Team Trials; Canadian Team Trials	essais nationaux/canadiens; essais/éliminatoires pour la composition de l'équipe nationale/canadienne (de patinage de vitesse)
SK	Nations Cup	Coupe des Nations
FR	Nations Grand Prix	Grand Prix des Nations
SJ	natural downhill position	position naturelle de descente
ST	natural ice	glace naturelle
ST	natural ice rink	patinoire de glace naturelle
SJ	natural (jumping) hill	tremplin naturel; élan naturel
LG	natural luge	luge sur piste naturelle
SJ	natural position of the jumper	attitude naturelle du sauteur
LG	natural track	piste de glace naturelle; piste naturelle
LG	Naturbahn; Naturbahn track	Naturbahn; piste naturelle; piste de Naturbahn

LG	Naturbahn sled	luge de Naturbahn; luge pour piste naturelle
FI	neat step-down (at long axis, in figure eight)	sortie sans bavure (au grand axe, dans la figure huit)
HK	net; goal	but; cage; filet (du gardien)
HK	netminder; goaler; goalkeeper; goaltender	gardien de but
FI	neutral zone	zone neutre
HK	neutral zone; centre zone	zone centrale; zone neutre; centre (le)
GN	new entrant	débutant(e); nouveau(elle) venu(e)
XC	next control	prochain poste de contrôle; poste de contrôle suivant
HK	NHL; National Hockey League	L.N.H.; Ligue nationale de hockey
BB	night heat	manche de nuit
GN	night run (luge and bobsleigh)	descente de nuit; manche de nuit (luge et bobsleigh)
LG	night training run	descente d'entraînement de nuit
GN	NOC; National Olympic Committee	CNO; Comité national olympique
SJ	''no fault of the jumper's''	cas de « force majeure »
CL	non-delivering team	équipe dont ce n'est pas le tour de jouer
SJ	non-officiating jumping judge	juge de saut non en fonction
CL	non-slip substance (under a shoe)	frein (sous une chaussure)
SJ	non-starting competitor	compétiteur ne prenant pas le départ
AL	non-stop	non-stop
ND	nordic combined (ski jumping and cross-country skiing)	combiné nordique (saut à ski et ski de fond)
ND	nordic combined competition	compétition de combiné nordique
ND	nordic combined cross-country	ski de fond au combiné nordique
ND	nordic combined disciplines (ski jumping and cross-country skiing)	disciplines du combiné nordique (saut à ski et ski de fond)

ND	nordic combined jumping	saut à ski au combiné nordique
ND	nordic combined results list	liste des résultats au combiné nordique
ND	nordic combined team competition	compétition par équipe au combiné nordique
ND	nordic event (in ski jumping or cross-country skiing)	épreuve nordique (en saut à ski ou en ski de fond)
XC	nordic skiing (means cross-country skiing and ski jumping; hence the nordic combined)	ski nordique (signifie le ski de fond et le saut à ski; d'où le combiné nordique)
SJ	normal-hill competition (70 m)	compétition sur tremplin normal (70 m)
SJ	normal (jumping) hill (70 m)	tremplin normal (70 m)
SJ	norm point; P	point de norme; P
SP	North American Indoor Championships	Championnats nord-américains sur piste intérieure
SP	North American Outdoor Championships	Championnats nord-américains sur piste extérieure
SP	North American Speed Skating Championships	Championnats nord-américains de patinage de vitesse
CL	nose hit	coup franc
XC	no-step double-pole; no-step double-poling; push and glide (the)	(le) pousse et glisse; poussée et glissement; double poussée
XC	no-step single-pole; no-step single-poling	poussée simple et glissement; poussée simple alternée
HK	notch (on the blade)	brèche (sur la lame)
SJ	not corrected	non corrigé
SJ	no telemark — and too low or too stiff landing	sans position de télémark et réception trop basse ou trop raide
SJ	no telemark — but soft landing with good balance	sans position de télémark mais réception douce et bon équilibre
SJ	no telemark — unsteadiness in the outrun	sans position de télémark — manque d'assurance sur la piste de dégagement
FI	Novice (level)	niveau novice

HK	novice player	joueur novice
GN	NSO; National Sport Organization(s) (before 1987: NSGB; National Sport Governing Body(ies))	ASN; Association(s) sportive(s) nationale(s) (avant 1987 : O.N.D.S.; Organisme(s) national(aux) directeur(s) de sport)
GN	NSRC; National Sport and Recreation Centre	C.N.S.R.; Centre national du sport et de la récréation
FI	N.S.T. Program(me)	Programme des tests nationaux de patinage artistique
BT	numbering of firing points	numérotage des postes de tir; numérotage des lignes de tir
AL	numbering of gates	numérotage des portes
GN	number of competitors entered	nombre de participant(e)s/compétiteurs(trices) inscrit(e)s (Canada); nombre de compétiteurs(trices)/participant(e)s enregistré(e)s (Europe)
GN	number of entries	nombre d'inscriptions (Canada); nombre d'enregistrements (Europe)

O

FI	O; outside	E; extérieur(e)
GN	oath (athletes and officials)	serment (des athlètes et des officiels)
SJ	observation position	poste d'observation; place d'observation
SK	obstacle	obstacle
SJ	obstacle on the hill	obstacle sur la piste
SK	obstruction	obstruction
GN	odd number	nombre impair
FI	off-axis turn	virage hors-axe
HK	offending player	joueur fautif
CL	offending team	équipe fautive
HK	offensive line	ligne d'attaque; ligne offensive; trio d'attaque; trio offensif

HK	offensive play	jeu offensif
HK	offensive zone	zone offensive
HK	off-ice official	officiel en second
GN	officer	organisateur; responsable (ne pas confondre avec « officiel » pour une compétition)
FI	off-ice training	entraînement hors-glace
GN	official	officiel
GN	official classification	classement officiel
GN	official decision	décision officielle
BB	official entrusted with checking the runners and the bobs	officiel responsable de la vérification des patins et des bobs
GN	official final results	résultats finals officiels
SK	official FIS judge	juge officiel de la FIS
SJ	official FIS jumping judge	juge officiel de saut de la FIS
LG	official in charge of race reports	officiel responsable des rapports de la course; officiel responsable des rapports de l'épreuve
LG	official in charge of results in the Computer Centre	officiel responsable des résultats au Centre des données informatiques
SJ	official jump	saut officiel
XC	official marking place	poste de marquage officiel
GN	official notice board	tableau d'affichage officiel
GN	official results	résultats officiels
FR	officials at the start and finish	officiels au départ et à l'arrivée
GN	official scoreboard	tableau d'affichage officiel; tableau officiel pour l'affichage des résultats
HK	official scorekeeper	pointeur officiel
GN	official sponsor	commanditaire officiel
GN	official supplier	fournisseur officiel

GN	official time	temps officiel
LG	official timings list	liste des temps officiels
GN	official training	entraînement officiel
LG	official weigh-in (of sledders before the race)	pesée officielle (des lugeurs(euses) avant la course)
SJ	officiate (to) as an official (jumping) judge	agir en qualité de juge officiel (de saut)
GN	off-season	saison morte; hors-saison
FI	off-season school	école hors-saison
FI	off-season skating school	école de patinage hors-saison
ST	offset	décentré (lame trop à gauche ou à droite de la bottine)
XC	offset (a step)	pas déphasé; le déphasé
AL	offset flush	chicane oblique; chicane en biais
AL	offset hairpin (OBS: if the 2 gates are placed at opposite angles: a Slavis)	double porte en biais (OBS : si chaque porte est orientée dans un sens différent par rapport à la pente : Slavis)
AL	offset Seelos	Seelos décalée
HK	offside	hors-jeu
HK	off-target shot; wide shot	lancer/tir à côté du but; lancer/tir qui manque de précision; lancer/tir raté
CL	off the broom (to be)	rater le balai
HK	off the ice	hors de la patinoire; en dehors de la patinoire
HK	oldtimer	ancien joueur; vétéran
GN	Olympic flag	drapeau olympique
GN	Olympic flame	flamme olympique
GN	Olympic medal	médaille olympique
GN	Olympic record	record olympique (performance)
GN	Olympic record holder	détenteur d'un record olympique

SP	Olympic style (double lane)	style olympique (double couloir)
SP	Olympic style (speed) skating	patinage (de vitesse) de style olympique
GN	Olympic Trust of Canada	Fonds olympique du Canada
GN	Olympic Winter Games; OWG	Jeux Olympiques d'hiver; JOH
BT	omitted penalty loop	boucle de pénalité omise
GN	oncoming competitor	compétiteur(trice) qui suit
SP	oncoming (speed) skater	patineur(euse) (de vitesse) qui suit
FI	one-and-a-half Salchow; 1 1/2 Salchow	Salchow et demi
FR	one-and-a-half twist (ballet)	tour et demi (ballet)
FI	one-arm lift; Statue of Liberty	levée par un bras; Statue de la Liberté
FI	one arm over each other's lower back	un bras sur le bas du dos de chacun des partenaires
GN	one-day competition; one-day event	concours d'une journée; compétition d'une journée; épreuve d'une journée
FR	one-event competition	compétition à une épreuve
FI	one-foot eight	(figure) huit sur un pied
FI	one-foot figure	figure exécutée sur un pied
FI	one-foot Salchow	Salchow sur un pied
FI	one-foot spin	pirouette sur un pied
FI	one-foot takeoff	appel sur un pied
FI	one-foot turn	virage sur un pied
HK	one-goal play	jeu à un but
FI	one-half toe loop; half toe loop; 1/2 toe loop	saut de demi-boucle piqué; demi-boucle piqué
FI	one-half turn; half turn; 1/2 turn	demi-révolution
LG	one-man luge	luge simple hommes
LG	one-seater luge	luge simple

SJ	one ski's breadth	la largeur d'un ski
FR	One-ski vault into cross position 360, 540, 720, etc. degrees (ballet jump)	rotation sur un ski en position croisée 360, 540, 720, etc. degrés (saut en ballet)
FR	One-ski vault without cross 360, 540, 720, etc. degrees (ballet jump)	rotation sur un ski sans position croisée 360, 540, 720, etc. degrés (saut en ballet)
XC	one-step	pas simple; un pas
XC	one-step double-pole; one-step double-poling	un pas, double poussée; pas, double poussée
FI	one-step lobe (in ice dancing)	lobe d'un pas (en danse sur glace)
FI	on-site coach	entraîneur sur les lieux de la compétition; entraîneur sur les lieux du test
FI	on-site coaching	entraînement sur les lieux de la compétition; entraînement sur les lieux du test
GN	on-site facilities	installations sur les lieux de compétition
CL	on the broom (to be)	prendre le balai; frapper le balai
CL	on-the-toe slide	glissade sur les orteils
SP	On your marks!	À vos marques!
FI	open; open (dance) position (a hold in ice dancing, for the Foxtrot)	position ouverte; position de danse ouverte (une façon de tenir son/sa partenaire en danse sur glace, pour le Foxtrot)
FI	open chassé (a dance step)	chassé ouvert (pas de danse)
GN	open competition	compétition ouverte
FR	open course	piste ouverte
FI	open dance position; open position; open (a hold in ice dancing, for the Foxtrot)	position ouverte; position de danse ouverte (une façon de tenir son/sa partenaire en danse sur glace, pour le Foxtrot)
AL	open gate (an horizontal gate)	porte horizontale (une porte ouverte)

AL	open H; Seelos	Seelos (ensemble de portes, une horizontale, une verticale, une horizontale pouvant être légèrement décalées l'une par rapport à l'autre)
SJ	open hill for training	tremplin ouvert pour l'entraînement
FI	open hip position (in ice dancing)	position ouverte de la hanche (en danse sur glace)
FI	open hold (a hold in ice dancing, for the Foxtrot)	prise en position ouverte; prise en position de danse ouverte (une façon de tenir son/sa partenaire en danse sur glace, pour le Foxtrot)
ST	open (ice) rink; outdoor (ice) rink	patinoire ouverte; patinoire découverte; patinoire extérieure; patinoire en plein air
HK	opening	percée
GN	opening ceremonies	cérémonies d'ouverture
GN	opening procession	défilé d'ouverture
SJ	open (jumping) hill	tremplin ouvert
FI	open Kilian stroking	poussée-élan en position Kilian ouvert; poussée-élan en Kilian ouvert
FI	open Mohawk (a dance step)	Mohawk ouvert (un pas de danse)
HK	open play	jeu ouvert
HK	open player	joueur à découvert
FI	open position; open dance position; open (a hold in ice dancing, for the Foxtrot)	position ouverte; position de danse ouverte (une façon de tenir son/sa partenaire en danse sur glace, pour le Foxtrot)
GN	open run; open track; opened run; opened track (bobsleigh or luge track)	piste ouverte (piste de bobsleigh ou de luge)
FI	open-shoulder lift position	levée en position épaules ouvertes; position de levée « les épaules ouvertes »
FR	open (ski) jump	tremplin ouvert
FI	open start	départ ouvert

FI	open stroke (a dance step)	poussée ouverte (un pas de danse)
FI	open stroke; open stroking	poussée-élan ouverte; poussée ouverte
XC	open (to) the course	ouvrir la piste
FI	open three (one of the basic dance steps)	trois ouvert (un des pas fondamentaux de danse)
SK	open trail	piste ouverte
FI	open waltz three (one of the basic dance steps)	trois valsé ouvert (un des pas fondamentaux de danse)
GN	opponent; opposing team	adversaire; équipe adverse
CL	opposing skip	capitaine de l'équipe adverse
CL	opposing stone; opposing rock	pierre adverse
GN	opposing team; opponent	adversaire; équipe adverse
BT	optical device (on a rifle)	dispositif optique (sur une carabine)
FI	optional pattern (in ice dancing)	tracé libre (en danse sur glace)
BT	optional pre-examination of equipment	contrôle préliminaire facultatif de l'équipement
SP	ordered back (to be)	rappelé(e) à l'ordre (être)
GN	orderly conduct of a meet	déroulement ordonné d'une rencontre; déroulement ordonné d'une compétition
FI	order of skating	ordre d'exécution des patineurs(euses)
XC	order of the written entry	ordre de l'inscription écrite (Canada); ordre de l'enregistrement écrit (Europe) (ordre des coureurs(euses))
FI	ordinal(s)	ordinal(aux)
GN	Organizing Committee	Comité d'organisation (FIS); Comité organisateur (Canada)
XC	original conformation	configuration naturelle (du tracé de la piste)
FI	original set-pattern dance	danse sur tracé original prescrit
SP	outdoor competition; outdoor meet	compétition sur piste extérieure; rencontre sur piste extérieure

ST outdoor (ice) rink; open (ice) rink — patinoire en plein air; patinoire extérieure; patinoire ouverte; patinoire découverte

SP outdoor mass start — départ en groupe sur piste extérieure

SP outdoor mass start — international records — départ en groupe sur piste extérieure — records internationaux

SP outdoor meet; outdoor competition — rencontre sur piste extérieure; compétition sur piste extérieure

SP outdoor skate — patin de patinage extérieur

ST outdoor skating — patinage à l'extérieur

SP outdoor speed skating — patinage de vitesse sur piste extérieure (nécessairement sur 400 mètres)

SP outdoor track — piste extérieure

CL outer circle — cercle extérieur

SP outer curve — grand virage; virage extérieur

SP outer curve radius — rayon de courbure du grand virage

SP outer edge (of a skate blade) — carre extérieure (d'une lame de patin)

LG outer edge (of the runner) — arête extérieure (du patin)

CL outer edge (of the sheet) — bord extérieur (de la piste)

SP outer edges (of the markers) — bord extérieur (des cônes)

SP outer lane — couloir extérieur

SP outer-lane curve — virage du couloir extérieur

CL outer ring (of the house) — cercle extérieur; plus grand cercle

SP outer starting position (in mass start) — position de départ la plus à l'extérieur (départ en groupe)

HK outplay (to) an opponent — déjouer un adversaire

DS outriggers (a pair) — bâtons (de ski) d'appui; bâtons (de ski) d'appoint (une paire)

AL outrun (after the finish line of a course) — piste de dégagement (après la ligne d'arrivée d'un parcours)

FR	outrun (from the bottom of landing hill to safety fence)	piste de dégagement (du bas de la piste d'atterrissage à la clôture de sécurité); aire d'arrivée
SJ	outrun (part of a jump)	dégagement (composante d'un saut)
GN	outrun; finish outrun (of a bobsleigh or luge track)	piste de dégagement; aire de dégagement (après la piste de décélération d'une piste de bobsleigh ou de luge)
SJ	outrun; outrun track	zone de dégagement (par rapport au tremplin); piste de dégagement (par rapport au skieur)
FI	outside; 0	extérieur(e); E
FR	outside (ballet)	saut extérieur (ballet)
FR	Outside (Tip Drag takeoff in ballet)	saut extérieur (envol en laissant traîner la spatule; envol en ballet)
FI	outside; outside (dance) position (a hold in ice dancing, for the Tango)	position extérieure (une façon de tenir son/sa partenaire en danse sur glace, pour le Tango)
FR	Outside 360, 540, 720, etc. degrees (ballet jump)	saut extérieur 360, 540, 720, etc. degrés (saut en ballet)
FI	outside dance position; outside position; outside (a hold in ice dancing, for the Tango)	position extérieure (une façon de tenir son/sa partenaire en danse sur glace, pour le Tango)
FI	outside edge	carre extérieure
FI	outside flat of the blade	plat extérieur de la lame
FI	outside hold (a hold in ice dancing, for the Tango)	prise en position extérieure (une façon de tenir son/sa partenaire en danse sur glace, pour le Tango)
FI	outside loop	boucle extérieure
SP	outside (the) of the track	extérieur (l') de la piste
AL	outside pole	piquet extérieur
FI	outside position; outside dance position; outside (a hold in ice dancing, for the Tango)	position extérieure (une façon de tenir son/sa partenaire en danse sur glace, pour le Tango)
SK	outside ski	ski extérieur (dans un virage)
FI	outside takeoff edge	carre d'appel extérieure

FI	outside three (a jump)	trois extérieur (un saut)
FI	outside track (in ice dancing)	voie extérieure (en danse)
HK	outstanding player	joueur étoile; vedette
CL	out-turn	effet extérieur
CL	out-turn grip	prise pour effet extérieur
SP	oval track	piste ovale
HK	overall average	moyenne cumulative
LG	overall maximum length (of the luge track)	longueur maximale totale (de la piste de luge)
FI	overall pattern	tracé général; ensemble du tracé
FR	overall performance (EX.: Points given for "overall performance" in ballet.)	ensemble de la performance (élément jugé dans l'épreuve de ballet); impression générale (élément jugé dans l'épreuve de ballet)
CL	overcurl (to); cut too much (to); take off (to); grab (to)	dévier (se dit de la pierre)
CL	over-draw weight	pesanteur de lancer fort; pesanteur de lancer vigoureux
LG	overgrasp (of the hands on the bars)	prise par-dessus (des mains sur les barres de stabilité)
CL	overhand grip (for sweeping)	prise par-dessus (pour tenir le balai)
SJ	overjump at point K	saut avec réception au-delà du point K
SJ	overjump (to) point K	dépasser le point K (à la réception)
FI	overlap (to) the centre	faire chevaucher le centre
FI	Overseas Championship(s)	Championnat(s) à l'étranger; Championnat(s) outre-mer
XC	overtake (to) a competitor; overtake (to) a skier	doubler un compétiteur/concurrent/skieur; dépasser un compétiteur/concurrent/skieur; doubler une compétitrice/concurrente/skieuse; dépasser une compétitrice/concurrente/skieuse
GN	overtake (to) in the last 100 metres	doubler dans le dernier 100 mètres; dépasser dans le dernier 100 mètres

XC	overtaken competitor; overtaken skier	compétiteur(trice) doublé(e); compétiteur(trice) dépassé(e); skieur(euse) doublé(e); skieur(euse) dépassé(e)
SP	overtaken skater	patineur(euse) doublé(e); patineur(euse) dépassé(e)
XC	overtake (to) unobstructed	doubler sans difficulté; dépasser sans difficulté
SP	overtaking (speed) skater	patineur(euse) (de vitesse) qui dépasse
CL	over-tee weight	pesanteur moyenne
HK	overtime	prolongation; période supplémentaire
BB	overturn (to)	renverser (se)
GN	OWG; Olympic Winter Games	JOH; Jeux Olympiques d'hiver
SJ	owner of a jumping hill (owners of jumping hills)	propriétaire d'un tremplin (propriétaires de tremplins)

p

FR	pacesetter's time	temps établi par l'ouvreur(euse)
SP	pacing	mise à l'abri
XC	pacing	accompagnement d'un(e) concurrent(e)
SK	packed snow	neige tassée; neige compacte
SP	"pack style" race (short track)	épreuve à départ en groupe (courte piste)
SP	"pack style" start; mass start (short track)	départ en groupe (courte piste)
SK	pack (to) the run	damer la piste
HK	pad (of goalkeeper)	jambière (de gardien de but)
HK	padding	rembourrage
GN	pager	pagette
SP	pair	paire
FI	pair (a)	couple (un)

FI	pair contact spin	pirouette en couple avec prise du/de la partenaire
SP	paired (to be)	jumelé(e) (être)
FI	pair field movement	mouvement de transition en couple
FI	pair footwork	jeu de pieds du patinage en couple; jeu de pieds en couple
FI	pair hold	prise de patinage en couple
FI	pair Ina Bauer	Ina Bauer en couple
FI	pair move; pair skating move	mouvement de patinage en couple
FI	pair partners	partenaires (couple)
FI	pair program(me)	programme de patinage en couple; programme en couple
FI	pairs; pair(s) skating (category of skaters and type of event)	patinage en couple; couple (catégorie de patineurs et genre d'épreuve)
FI	pair(s) skating (an event)	patinage artistique couples (une épreuve)
FI	pair skating move; pair move	mouvement du patinage en couple
FI	pair skating test (at national level)	test de patinage en couple (au niveau national)
FI	pair spin	pirouette en couple
BT	pairs start	départ par deux; départ donné par deux
FI	pair stroking	poussée-élan du patinage en couple; poussée-élan en couple
FI	pair stroking exercise	exercice de poussée-élan en couple
FI	pair test	test de patinage en couple
FI	palm-to-palm hand hold	prise paume-à-paume
BT	paper target (used for practice shooting and sighting)	cible en papier (utilisée à l'entraînement et pour les tirs d'essai)
SK	paraffin	paraffine
FI	paragraph bracket	paragraphe accolade

FI	paragraph double three	paragraphe double trois
FI	paragraph loop	paragraphe boucle
FI	paragraph three	paragraphe trois
DS	parallel christie	parallèle de base
AL	parallel event	épreuve parallèle
FI	parallel grind(ing)	affûtage parallèle
FI	parallel grind(ing) machine	machine à affûtage parallèle
FI	parallel jump (pairs)	saut « en parallèle » (couple)
SJ	parallel position of the skis	position parallèle des skis
FI	parallel skating; shadow-skating (pairs)	patinage en parallèle; patinage à l'unisson (couple)
AL	parallel start (2 skiers in parallel slalom)	départ en parallèle (2 skieurs(euses) en slalom parallèle)
FI	parallel stroking	poussée-élan en parallèle
FI	parallel stroking pattern	tracé de poussée-élan en parallèle
XC	parallel tracks	pistes parallèles
FR	parallel turn	virage en parallèle
AL	parallel turn; parallel christie	ski en parallèle; virage parallèle
DS	paralyzed (person)	paralysé(e)
DS	Paraolympic Games; Paraolympics	Jeux Paraolympiques; Paraolympiques (pour paraplégiques)
DS	paraplegic (person)	paraplégique (un, une)
DS	partially paralyzed (person)	partiellement paralysé(e)
DS	partially sighted (person)	partiellement voyant(e)
FI	partial rotation	rotation partielle
FI	partial ''T'' position	position « T » partielle
FI	partner	partenaire (un(e))
GN	part of track; part of run (bobsleigh or luge track)	portion de la piste; tronçon de la piste (de bobsleigh ou de luge)

FI	Paso Doble (dance)	Paso Doble (danse)
GN	pass	laissez-passer
HK	pass	passe
HK	pass (to); make (to) a pass; feed (to) a pass	faire une passe; passer le disque/la rondelle (à un coéquipier)
GN	pass (to); overtake (to)	dépasser; doubler
AL	passage control; gatekeeping; gatekeeper control	contrôle des passages (aux portes)
SP	passing	dépassement
HK	pass (to) the puck	passer le disque/la rondelle
XC	pass (to) through all controls	passer à tous les postes de contrôle
HK	pass to the centre	passe au centre
HK	pass way ahead of another player; pass way ahead of a teammate	passe hors de la portée d'un coéquipier
GN	P.A. system (public address system); loudspeaker system	système de haut-parleurs; système de sonorisation
FI	patch number (on the ice); ice patch number	numéro de parcelle (de glace)
FI	patch of ice; ice patch	parcelle de glace
FI	patch session	séance sur parcelle de glace
SP	patrol judge	juge de virage
FI	pattern placement (on the ice)	placement du tracé (de danse) (sur la patinoire)
FI	pattern shape	forme du tracé
CL	pebbles (on the ice)	pitons (sur la glace)
CL	peel; clear front	lancer de déblayage; déblayage
BT	peep sight	hausse
HK	peewee player	joueur peewee; peewee (un)
HK	penalize (to); assess (to) a penalty; give (to) a penalty	pénaliser; infliger une pénalité; infliger une punition
HK	penalized player	joueur chassé; joueur pénalisé

HK	penalized team; short-handed team	équipe pénalisée; équipe qui joue en désavantage numérique; équipe qui joue en infériorité numérique
SJ	penalize (to) a fault heavily	pénaliser sévèrement une faute; punir sévèrement une faute
HK	penalty	pénalité; punition
HK	penalty bench; penalty box	banc des pénalités; banc des punitions
BT	penalty course	parcours de pénalité; piste de pénalité
HK	penalty for molesting an official	pénalité/punition pour avoir molesté un officiel
BT	penalty for target(s) not hit	pénalité pour cible(s) non atteinte(s)
HK	penalty for unsportsmanlike conduct	pénalité/punition pour conduite anti-sportive
BT	penalty for violations of rules	pénalité pour violation du règlement
BT	penalty loop	boucle de pénalité
BT	penalty loop controller; penalty course controller	contrôleur de la boucle de pénalité
BT	penalty loop supervisor	superviseur de la boucle de pénalité
BT	penalty minute	minute de pénalité
HK	penalty record	registre des pénalités; registre des punitions
HK	penalty shot	tir de pénalité; tir de punition; lancer de pénalité; lancer de punition
HK	penalty timekeeper	chronométreur des pénalités; chronométreur des punitions
SP	pendulum (movement of the tip of the skate)	pendule (mouvement de la pointe du patin au départ)
GN	pennant	fanion (ou drapeau qui est l'emblème de quelque chose)
BT	percussion cap; cap	capsule
SJ	perfect balance (in)	en plein équilibre; en parfait équilibre
FI	performance (of a skater)	performance (d'un(e) patineur(euse))
FI	performance (on the ice)	exécution (de figures sur la glace)

FI	perimeter stroking (pairs)	poussée-élan périmétrique (couple)
FI	perimeter stroking exercise	exercice de poussée en périmètre
HK	period	période; tiers; vingt; engagement
LG	perpendicular pressure of the shoulder on the sled	pression perpendiculaire de l'épaule sur la luge
LG	perpendicular pressure to the ice	pression perpendiculaire à la piste
SJ	persisting fault	faute non corrigée; faute qui persiste; faute qui subsiste
GN	personal record	record individuel; record personnel
SJ	personal style	style individuel
FI	P.E.S.T. (power, expression, style, technique)	P.E.S.T. (puissance, expression, style, technique)
GN	photo-cell; photo-electric cell	cellule photo-électrique
FR	photo-electric timing	chronométrage photo-électrique
GN	photo finish	photo témoin; photographie d'arrivée; photo-finish (Europe)
HK	pick up (to) a pass	recouvrer une passe
HK	pick up (to) a rebound; retrieve (to) a rebound	s'emparer du retour du disque/de la rondelle
FR	pike (position)	position carpée; un carpé
HK	pile-up; melee; scramble	empilage; mêlée
BB	pilot run	descente d'essai
XC	pin binding	fixation à goupilles
CL	pinching the broom; pinching the brush	lancer une pierre à l'intérieur du balai/de la brosse
XC	pine tar	résine de pin
FI	pirouette (a spin on toe picks)	vrille (pirouette exécutée sur les dents de pointe)
FR	pitch	dénivellation
FR	pitch for the knoll area	inclinaison du plateau
HK	pivot	pivot

HK	pivot (to)	pivoter
FI	pivot (a spin)	pivot (une pirouette)
GN	pivoting	pivotement
FI	pivoting curve	courbe pivotante
FI	pivot position	position de pivot (du patineur en couple, dans la spirale)
GN	place	rang; rang au classement
FR	place point	point au classement
GN	placing	classement (après l'épreuve)
SJ	placing of the starting points	emplacement des plates-formes de départ
GN	placing on the final list	classement final
HK	placing point	point de classement
AL	planning of the course	conception du parcours; planification de la piste
GN	plan of track; plan of run (bobsleigh or luge track)	schéma de la piste (de bobsleigh ou de luge)
SP	plastic block; plastic marker	bloc en matière plastique; cône en matière plastique
FR	platform	plate-forme
DS	platform (device for disabled skier)	plate-forme (ski modifié pour skieur handicapé)
GN	platform (for guests)	estrade (pour les invités)
HK	play	jeu
HK	play (to) a (given) position	patrouiller une position; jouer à (nom de la position)
HK	play-by-play commentator	commentateur (du déroulement de la partie)
CL	playdown	éliminatoires
CL	player; curler; curling player	joueur(euse) de curling; curleur; curleuse
HK	player; hockey player	joueur; joueur de hockey

HK	player change; line change	changement de joueurs; changement de ligne; changement de trio
HK	player chasing the puck	joueur à la poursuite du disque/de la rondelle
HK	player draft	repêchage de joueurs
HK	player on the move	joueur qui file
HK	players' bench	banc des joueurs
HK	player's record	fiche d'un joueur
HK	play (to) in a league	jouer dans une ligue; évoluer dans une ligue
CL	playing end	extrémité où se joue la manche
CL	playing team	équipe dont c'est le tour de jouer
HK	playing time	durée du jeu
HK	playoff game (Canada); play-off game (USA)	match/partie éliminatoire
HK	playoff games (Canada); play-off games (USA); playoffs (Canada); play-offs (USA)	éliminatoires; parties éliminatoires
CL	playoffs (Canada); play-offs (USA)	série éliminatoire
HK	play (to) on a team	jouer dans une équipe; évoluer avec une équipe
HK	play resumption	reprise du jeu
HK	play that dies off	jeu qui avorte
HK	play (to) the man	jouer l'homme
HK	play (to) the puck	jouer la rondelle/le disque
HK	plexiglass protector; glass protector	baie vitrée
SK	plow position	position de chasse-neige; position en chasse-neige
SJ	plus point	point en plus
CL	pocket	poche
LG	pod (on racing sled)	siège (de luge de compétition)

GN	podium	podium
CL	point (a rock scoring a point)	point (se dit de la pierre qui marque un point)
GN	point	point
FR	point breakdown	ventilation des points
ND	point differences (in ski jumping)	écarts de points (au saut à ski)
GN	point disputed	point litigieux
FI	pointing off axis (turn)	mal orienté (virage)
ND	points calculation	calcul des points
SJ	points in full or half-points	notes en points ou en demi-points
HK	poke check	harponnage
HK	poke-check (to)	harponner (un joueur adverse)
AL	pole (of a gate)	piquet (d'une porte)
SK	pole; ski pole	bâton; bâton de ski (dit aussi « canne » dans certaines expressions)
SK	pole basket	panier (de bâton de ski)
FR	pole flip (ballet)	culbute en appui sur les bâtons (ballet)
FR	pole plant	planté du bâton (des bâtons) (selon la figure exécutée)
XC	pole strap	dragonne
SK	Police Committee (of FIS)	Comité du service d'ordre (de la FIS)
AL	poling	planté de canne(s)
HK	pool (A-B-C); group (A-B-C)	poule (A-B-C); groupe (A-B-C)
SK	poor conditions (of the snow, of the course)	piètre état (de la neige, du parcours)
FI	pop-like jump (pairs)	saut comme un bouchon de champagne (couple)
CL	port	passage
CL	position (to) (oneself)	se placer

HK	positional play	jeu de position
SJ	position of the jumper	place du sauteur (où il se trouve); position du sauteur (attitude corporelle)
FR	Post (ballet spin)	Post (vrille en ballet)
GN	postpone (to) a competition	reporter une compétition; remettre une compétition
GN	postpone (to) a game (hockey or curling)	ajourner un match/partie; remettre un match/partie à plus tard (hockey ou curling)
SJ	postpone (to) a round	reporter une manche
GN	postponement (of a competition or a game)	remise; report (d'une compétition ou d'un match à une date ultérieure)
GN	post-season	après la saison (régulière); après-saison
CL	potential point; lie count; lying count	point potentiel
BT	powder	poudre
SK	powder snow	poudreuse; neige poudreuse
HK	powerful shot; hard shot	lancer puissant; tir puissant
SJ	power of a jumper	puissance d'un sauteur
HK	power play	jeu de puissance; attaque à cinq; attaque en avantage numérique; attaque massive
HK	power-play goal	but marqué en avantage numérique; but marqué sur un jeu de puissance
FI	Pr (a dance step)	Pr (un pas de danse)
GN	practice	pratique (complément de la théorie)
GN	practice; workout	exercice
BT	practice firing; practice shooting	tirs d'essai; tirs d'entraînement
SJ	practice jump	saut d'entraînement; saut d'échauffement (avant la compétition, par les concurrents)
LG	practice push track	piste d'entraînement au départ

SJ	practice round	saut d'essai (pour le sauteur); manche d'essai (pour les officiels et les spectateurs)
AL	practice run; training run	descente d'entraînement
BT	practice shooting; practice firing	tirs d'essai; tirs d'entraînement
LG	practice sled	luge d'entraînement
AL	practice slope	piste/pente d'entraînement; piste/pente d'exercice
FR	practice time	temps d'exercice
XC	practice trails	pistes d'exercice
SJ	practise (to) judging	s'exercer à juger
FR	practise (to) on the course	s'exercer sur le parcours
GN	practise (to); train (to); work out (to)	s'exercer; s'entraîner
FI	precision competition; precision event	compétition de patinage synchronisé
SJ	precision of a jump	précision d'un saut
BT	precision shooting	tir de précision
BT	pre-examination of equipment	contrôle préliminaire de l'équipement
GN	prelim; preliminary(ies)	éliminatoire(s)
HK	preliminary round	ronde préliminaire
SJ	premature preparation for the landing	préparation prématurée à la réception
FI	Pre-Novice (level)	niveau pré-novice
FI	pre-novice sectional event	épreuve de section pré-novice
FI	preparation (1st part of a lift or a jump)	préparation (1ère partie d'une levée ou d'un saut)
SK	preparation (first phase of a ski turn)	préparation (1ère phase d'un virage en ski)
FR	preparation area	zone de préparation
FI	preparation edge	carre d'approche
AL	preparation of the course	préparation de la piste; préparation du parcours

FI	preparation phase	phase de préparation
GN	preparatory training	préparation physique
FR	prepared jump	tremplin aménagé
XC	prepared track	piste aménagée
FI	pre-rotation	pré-rotation
SP	prescribed course	parcours prévu
FI	prescribed tempo	tempo obligatoire
GN	prescribed training (prior to a competition)	entraînement prévu (avant une compétition)
HK	pre-season game	match d'avant-saison; partie d'avant-saison
GN	President (IOC)	Président (C.I.O.)
GN	press	journalistes; membres de la presse
FI	press (man's part, 2nd part of a lift)	levée (de la part du patineur, 2e partie d'une levée)
HK	press box; press gallery; press row	passerelle de la presse; tribune de la presse
SK	press chief; press officer	chef de presse
SK	Press Committee (of FIS)	Comité de la presse (de la FIS)
HK	press gallery; press row; press box	passerelle de la presse; tribune de la presse
FI	press//jump (woman's part, 2nd part of a lift)	impulsion et saut (de la part de la patineuse, 2e partie d'une levée)
LG	press (to) on runner with ankle	exercer une pression sur le patin à l'aide de la cheville
HK	press row; press box; press gallery	passerelle de la presse; tribune de la presse
GN	press section	section des journalistes
GN	press stand	tribune de la presse
GN	pressure control	contrôle de la pression
SJ	pressure of the landing	pression de la réception

SP	pre-start line	ligne de pré-départ
FI	primary edge; basic edge (there are 4)	courbe de base (il y en a 4)
SP	primary track; centre track (marked in red)	piste principale; piste centrale (tracée en rouge)
FI	print (of the blade on the ice)	tracé; marque; empreinte (de la lame sur la glace)
FI	print of the turn	empreinte du virage
FI	private lesson	cours privé
GN	prize-giving ceremony	cérémonie de remise de prix
GN	probable result	résultat attendu; résultat probable
FR	proceed (to) (for a competitor)	s'exécuter; commencer sa routine
GN	professional coach; professional trainer	entraîneur professionnel
HK	professional player	joueur professionnel
HK	professional team	équipe professionnelle
FI	profile (to) a blade	profiler une lame
SJ	profile correction	modification du profil d'un tremplin
SJ	profile mark	marque du profil (de neige)
BB	profile of a curve	profil d'une courbe; profil d'un virage
SJ	profile of a jumping hill; jumping hill profile	profil d'un tremplin
FI	profile of the blade; curvature of the blade	profil de la lame; courbure de la lame
XC	profile of the course; course profile	profil du parcours; profil de la piste (pour une épreuve); profil des pistes (pour une compétition)
GN	program(me) of cultural activities	programme des activités culturelles
GN	program(me) of events	programme des épreuves
FI	program(me) pattern	tracé du programme

FR	progression (from simple to complex)	progression (du plus simple au plus complexe)
FI	progressive; Pr; run (a dance step)	pas progressif; Pr; course (un pas de danse)
BT	prone position (for shooting)	position couchée (pour tirer)
BT	prone (shooting) position	tir couché
BB	propel (to) the bob	lancer l'engin; lancer le bob
FI	proprioception	sensibilité proprioceptive
GN	protection walls (on each side of the bobsleigh or luge track)	murs de protection (de chaque côté de la piste de bobsleigh ou de luge)
HK	protective equipment	équipement de protection
GN	protective helmet; crash helmet; helmet; headgear	casque protecteur; casque de protection
SP	protective mat; mat	matelas protecteur
HK	protest	contestation (de la décision de l'arbitre)
GN	protest (to)	faire un protêt (par écrit) (Canada); faire une réclamation (par écrit) (Europe); protester contre (verbalement); loger un protêt (par écrit) (Canada); loger une réclamation (par écrit) (Europe)
DS	prothesis	prothèse
AL	provisional re-run	reprise sous réserve
SK	provisional start	départ sous réserve; départ conditionnel
XC	provisional track	parcours provisoire; piste provisoire
GN	public (the)	spectateurs(trices); public (le)
GN	public address system (P.A. system); loudspeaker system	système de haut-parleurs; système de sonorisation
LG	public draw; draw	tirage au sort (pour déterminer l'ordre de départ)
HK	puck	rondelle; disque
HK	puck carrier	porteur du disque/de la rondelle

HK	puck handling; puck control	contrôle du disque/de la rondelle
HK	puck in motion	rondelle en mouvement; disque en mouvement
HK	puck out of bounds	rondelle hors-jeu; disque hors-jeu
HK	puck over the boards	rondelle/disque hors de la patinoire; rondelle/disque par-dessus la bande; rondelle/disque chez les spectateurs
HK	puck striking the referee	rondelle/disque ayant touché l'arbitre; rondelle/disque touchant l'arbitre
CL	pull	traction (rotations d'une pierre)
BT	pull (to)	lâcher
BT	pull the trigger	tirer la détente; appuyer sur la détente
XC	purchase wax; kicker wax	fart de retenue
SP	pursuit race	course de poursuite
SP	push; pushoff	poussée; élan
XC	push and glide (the); no-step double-pole; no-step double-poling	(le) pousse et glisse; poussée et glissement; double poussée
BB	push bar	poignée de poussée; barre de poussée; mât de poussée
BB	push competition	concours de poussée
BB	push force of the team	poussée de l'équipe
FI	pushing action	poussée; mouvement de poussée-élan
ST	pushing drill	exercice de poussée
FI	pushing edge	carre de poussée
FI	pushing foot	pied qui effectue la poussée
CL	pushing foot (for sweeping)	pied de poussée; pied arrière
SP	pushing leg	jambe de poussée
BB	push of the sled (by the team)	poussée du bob (par l'équipe)
SJ	pushoff	poussée

FI	pushoff	poussée-élan; poussée de départ
SP	pushoff; push	poussée; élan
FI	pushoff action	mouvement de poussée-élan; poussée de départ
FI	pushoff curve	courbe de départ
FI	pushoff foot	pied de départ
FI	pushoff thrust	poussée de départ
FI	pushoff turn	virage de la poussée-élan
SP	pushoff with entire blade and full stretch	poussée avec toute la lame du patin et extension complète de la jambe
SP	push to the side	poussée vers l'extérieur; poussée latérale
SK	push (to) with both poles	se pousser des deux bâtons

q

FR	quad-mixed upright	quadruple saut vertical mixte
FI	quadruple jump	quadruple saut
FR	quadruple somersault	quadruple saut périlleux
FI	quadruple toe-loop (a jump)	quadruple boucle piqué (un saut)
FI	quadruple toe-loop jump	quadruple saut de boucle piqué
FR	quadruple twist	quadruple vrille
FR	quad upright	quadruple saut vertical
GN	qualification of a competitor	qualification d'un(e) concurrent(e)/ d'un(e) compétiteur(trice)
GN	qualified competitor	participant(e) qualifié(e); compétiteur(trice) qualifié(e)
GN	qualified judge	juge qualifié(e)
SP	qualified official	officiel qualifié
SJ	qualified (ski) jumper	sauteur qualifié
GN	qualifying standards	normes de qualification

ST	quality of the ice (skating and curling)	qualité de la glace; qualité de la surface glacée (patinage et curling)
HK	quarter-final game; quarterfinal game	match de quart de finale; partie de quart de finale
GN	quarter-finals; quarterfinals	quart de finale
FI	quarter mark on the circle	quart du cercle
SP	quartet style skating	course de patinage de vitesse en quatuor; course en quatuor
FI	quick dance	danse rapide
HK	quick shot	lancer rapide; tir rapide
FI	quick step	pas rapide
FI	Quickstep (dance)	Quickstep (danse)
FR	quint	quintuple saut vertical
FR	quint-mixed upright	quintuple saut vertical mixte

r

FI	R; right	D; droit
GN	race	course; compétition; épreuve
AL	race course; race slope	parcours de compétition; piste de compétition
GN	race director	directeur de l'épreuve; directeur de la compétition
LG	Race Leadership (race director, start leader, finish leader, course director)	Comité de l'épreuve (directeur de l'épreuve; chef au départ; chef à l'arrivée; directeur du parcours)
SK	race official	officiel de la course
AL	racer	skieur(euse) de compétition
XC	racer; cross-country racer; cross-country skier	coureur(euse) de ski de fond; fondeur(euse); skieur(euse) de fond
GN	racing number	numéro de coureur(euse)
LG	racing pod	siège pour luge de compétition

LG	racing shoe	chaussure de course; chaussure de poussée
LG	racing sled	luge de compétition
XC	racing tempo	tempo d'une course; rythme d'une course
GN	radio communication	communication radiophonique
GN	radio people	reporters de la radio
GN	radius	rayon
GN	radius of a curve (of the bobsleigh or luge track)	rayon d'un virage; rayon d'une courbe (de la piste de bobsleigh ou de luge)
FI	radius of hollow (grind); radius of the depth of the hollow	rayon de profondeur du creux d'affûtage; rayon du creux (d'affûtage)
FI	radius of the blade	rayon de la lame
SP	radius of the curves (of the skating oval)	rayon des virages (de l'anneau de vitesse)
SJ	radius of the curve (R1, R2 or R3)	rayon de la courbe (R1, R2 ou R3)
FI	radius of the depth of the hollow; radius of hollow (grind)	rayon de profondeur du creux d'affûtage; rayon du creux (d'affûtage)
BB	radius of the runner (in contact with the ice)	rayon de la partie du patin (en contact avec la piste)
HK	ragged play; erratic play; incoherent play	jeu décousu; jeu incohérent
HK	ragging	gaspillage du temps
CL	raise	montée
CL	raise (to)	monter un placement; monter; monter une pierre
CL	raised heel (a type of slide)	à talon levé (un type de glissade)
CL	raised heel slide	glissade à talon levé
CL	raise draw	placement monté
CL	raise take-out; raise takeout	sortie montée

FR	ramp	tremplin
BT	range officer	directeur de tir (côté tir)
FR	range of motion	amplitude du mouvement
GN	ranking	classement
FI	rat-tail; rat-tail thrust	rat-tail; poussée rat-tail
FI	rat-tail push	poussée « queue de rat »; poussée rat-tail
FI	rat-tail thrust; rat-tail	poussée rat-tail; rat-tail
XC	rattrap binding; beartrap binding	fixation de type souricière
FI	Ravensburger Waltz (dance)	Valse Ravensburger (danse)
FI	RBI; right backward inside	DARI; droit arrière intérieur (dans une expression : intérieur(e) droit(e) arrière)
FI	RBIO change (of edges)	changement de carres DARIE
FI	RBO; right backward outside	DARE; droit arrière extérieur (dans une expression : extérieur(e) droit(e) arrière)
SJ	reach (to) point K (on landing)	atteindre le point K (à la réception)
SJ	reach (to) the outrun	atteindre la zone de dégagement
CL	read (to) the ice	lire la glace
SP	Ready!; Set!	Prêts!; Prêtes!
SP	ready position	position de départ
BB	rear axle	train arrière
LG	rear of the runner	arrière du patin (de la luge)
BB	rear push-bar	poignée de poussée arrière; barre de poussée arrière; mât de poussée arrière
BB	rear runner	patin arrière; patin postérieur
BB	rear suspension	suspension des patins arrière; suspension arrière
BB	rear tip of runner	pointe arrière du patin

HK	rebound	retour du disque/de la rondelle
FR	rebound technique (mogul skiing)	technique du rebond (ski sur bosses)
HK	receive (to) a pass	recevoir une passe
GN	receive (to) points for (air, choreography, technical difficulty, etc.)	se voir attribuer des points (pour les éléments sauts, chorégraphie, difficulté technique, etc.)
HK	receiver (of a pass)	receveur (d'une passe)
FR	receives no score; RNS	ne reçoit aucun point; RAP
LG	reclining position	position couchée
SJ	re-closed (jumping) hill	tremplin fermé de nouveau
GN	recognition of a record	homologation d'un record
BT	recoil (of a gun)	recul (de la carabine)
HK	recommencement of play	reprise du jeu
GN	record	record (performance)
GN	record (to) a time	enregistrer un temps
SP	recorder	compilateur
SJ	recorder	secrétaire aux mesures de longueurs
GN	record holder	détenteur d'un record
SJ	recording of a distance	inscription d'une longueur
SP	record (to) laps	inscrire les tours
SJ	recover (to) one's balance	reprendre son équilibre
FI	recreational dancer	patineur(euse) de danse récréative
XC	recreational skier	randonneur; randonneuse
FI	rectilinear momentum	force d'impulsion; impulsion (masse x vitesse); vitesse (comme conséquence de l'impulsion)
CL	redeliver (to) a stone	relancer une pierre
FR	redevelop (to) a jump; reshape (to) a jump	refaçonner un tremplin

AL	red (direction) flags (left side of the course)	fanions rouges (directionnels); fanions de piste (balises du côté gauche de la piste)
SP	red flag	drapeau rouge
AL	red gate	porte rouge
GN	redistribution of prizes	redistribution des prix
HK	red light	lumière rouge
SJ	red line (marking critical point K)	ligne rouge (indiquant le point critique K)
HK	red line; centre line	ligne rouge; ligne du centre; ligne centrale; ligne pointillée (au centre)
HK	red spot	point rouge
GN	referee	arbitre; juge (selon le cas)
SP	referee at the crossing	arbitre au croisement (là où les patineurs(euses) changent de couloir)
BT	Referee Committee (of UIPMB)	Commission des arbitres (de l'U.I.P.M.B.)
XC	refreshment station	poste de rafraîchissements
GN	refrigerated run; refrigerated track (bobsleigh or luge)	piste réfrigérée (bobsleigh ou luge)
HK	refusal to play	refus de jouer
GN	regional sport federation	fédération régionale de sport; fédération sportive régionale
GN	registered time	temps enregistré
GN	registration	enregistrement; affiliation (selon les fédérations)
SJ	re-groomed inrun	piste d'élan redamée
HK	regular season	saison (à éviter : « saison régulière » : il n'y a pas de « saison irrégulière » mais une saison et des éliminatoires)
GN	regulations book	livre de règlement; le règlement (OBS : Un règlement est constitué d'une série de règles.)

HK	regulation time	période réglementaire
FI	reinforced focus	double concentration
GN	reinstatement as amateur	réintégration en tant qu'athlète amateur
GN	rejection of a protest	rejet d'un protêt (Canada); rejet d'une réclamation (Europe) (il n'y avait pas matière à protêt; la décision du jury est maintenue)
GN	reject (to) an appeal	rejeter un appel
GN	reject (to) a protest	rejeter un protêt (Canada); rejeter une réclamation (Europe)
SJ	relaxed position of the jumper	position détendue du sauteur
SK	relay; relay event; relay competition; team relay (in biathlon, cross-country skiing and nordic combined)	relais; épreuve de relais; course à relais; compétition de relais; relais par équipe (en biathlon, ski de fond et combiné nordique)
XC	relay 4 x 10 km	relais 4 x 10 km
XC	relay 4 x 5 km	relais 4 x 5 km
SK	relay course	parcours de relais; piste de relais
SK	relay event winners	vainqueurs du relais; vainqueurs de l'épreuve de relais
SK	relay exchange	passage du relais
SK	relay exchange zone; exchange zone; hand-over zone	zone de passage des relais; zone du passage de relais
ND	relay number (combined cross-country)	numéro de départ pour le relais (ski de fond au combiné nordique)
SK	relay race; relay racing	course à relais
SK	relay start	départ du relais
SK	relay team	équipe de relais
SK	relay zone	zone de relais
CL	release (of a rock)	lâcher (le)
HK	released player	joueur congédié (professionnel); joueur remercié; joueur renvoyé (amateur)

FI	release of the wind-up	libération de la tension
BT	releasing impulse (of targets)	impulsion de déclenchement (des cibles)
SJ	remaining scores (three scores added after the highest and the lowest scores have been eliminated)	notes restantes (trois notes additionnées après que la note la plus haute et la note la plus basse aient été supprimées)
SJ	remain (to) in crouch position	demeurer en position accroupie; maintenir la position accroupie
SP	remain (to) standing at start	perdre le départ (ne pas partir au signal de départ)
CL	remove (to) a stone from play	retirer une pierre du jeu
HK	remove (to) the goaler/goalkeeper/goaltender/netminder; withdraw (to) the goaler/goalkeeper/goaltender/netminder	retirer le gardien de but
BB	renewed licence	licence renouvelée
SK	repair (to) the course	remettre la piste en état
SJ	repeat (to) a jump	reprendre un saut; recommencer un saut; répéter un saut
GN	repeated disqualification	disqualification répétée
GN	repeated heat (bobsleigh or luge)	manche reprise (bobsleigh ou luge)
GN	repeated run (bobsleigh or luge)	descente reprise; manche reprise (bobsleigh ou luge)
GN	repetition of a heat (bobsleigh or luge)	reprise d'une manche (bobsleigh ou luge)
GN	repetition of a run (bobsleigh or luge)	reprise d'une descente; reprise d'une manche (bobsleigh ou luge)
SJ	repetition of a jump	reprise d'un saut; répétition d'un saut
GN	replay (on TV)	reprise (à l'écran)
CL	replay (to) a game	rejouer une partie
GN	reporter pit	fosse de reportage
GN	reporter section	section des correspondants
SJ	reporting of a distance	transmission d'une longueur

SP	report of a pistol	coup de pistolet
GN	representative of the press	représentant de la presse
FI	required element	élément prescrit
SP	re-race	reprise d'une course
GN	re-run (of a competition)	reprise d'une compétition
SK	re-run (of a start)	reprise (d'un départ)
GN	re-run (to) a competition	reprendre une compétition
GN	rescue toboggan; rescue sled	traîneau de sauvetage; luge de sauvetage
GN	reserve (adj. or noun)	remplaçant(e); substitut (un(e)) (adj. ou nom)
BT	reserve ammunition	munitions de réserve; munitions de rechange
BB	reserve bob	bob de réserve
ND	reserve man	remplaçant
AL	reserve pole	piquet de réserve
BT	reserve rifle	fusil de réserve; carabine de réserve
BB	reserve runner	patin de réserve
FR	reshape (to) a jump; redevelop (to) a jump	refaçonner un tremplin
BB	rest day (between training and competition)	jour de repos (entre l'entraînement et la compétition)
FI	resultant; actual take-off angle (component of a jump takeoff)	résultante; angle véritable de départ (composante de l'appel d'un saut)
GN	results list	liste des résultats
GN	results processing	calcul des résultats; traitement des résultats
GN	results service officer	responsable de l'affichage des résultats
ST	resurface (to) the ice; clean (to) the ice	remettre la glace en bon état
SK	re-surfacing	remise en état (de la piste)

BB	retractable push bar (only the one on the driver's side)	barre de poussée rétractable (celle du pilote seulement)
HK	retrieve (to) a rebound; pick up (to) a rebound	s'emparer du retour du disque/de la rondelle
BB	reversed starting order	ordre de départ inversé
FR	Reverse Javelin (ballet spin)	Javelin inversé (vrille en ballet)
FR	Reverse Javelin spin (ballet)	vrille Javelin inversé (ballet)
FI	reverse Kilian (hold in ice dancing)	Kilian inversé (en danse sur glace); position Kilian inversé (façon de tenir son/sa partenaire, surtout en Tango Fiesta)
FI	reverse Kilian hold (for pair spins)	prise en position Kilian inversé (pour pirouettes en couple)
FI	reverse Kilian position (in ice dancing)	Kilian inversé (en danse sur glace); position Kilian inversé (façon de tenir son/sa partenaire, surtout en Tango Fiesta)
LG	reverse order of succession in the second run	ordre de départ inversé en deuxième manche
FR	Reverse Royal (ballet spin)	Royal inversé (vrille en ballet)
AL	reverse Seelos; closed H (a series of 3 gates placed in closed, open, closed sequence)	porte en croix (deux portes verticales séparées par une horizontale)
FI	reverse split (pairs)	écarté inversé (couple)
BB	revoked licence	licence retirée
FI	revolution; rotation	rotation; révolution
FI	RFI; right forward inside	DAVI; droit avant intérieur (dans une expression : intérieur(e) droit(e) avant)
FI	RFIO change (of edges)	changement de carres DAVIE
FI	RFO; right forward outside	DAVE; droit avant extérieur (dans une expression : extérieur(e) droit(e) avant)
FI	Rhumba; Rumba (dance)	Rumba (danse)
FI	rhythmical motion	mouvement rythmé

GN	ribbon	ruban
BT	ricochet	ricochet
LG	rider; top rider	pilote
FI	RI edge	carre DI
BT	rifle	arme (générique); carabine (en biathlon)
BT	rifle and clothing controller	contrôleur de l'armement et de l'habillement; contrôleur de l'armement et des vêtements
BT	rifle carrying	transport de la carabine
BT	rifles control	contrôle des armes (par marquage)
BT	rifling	rayure
FI	right; R	droit(e); D
FI	right angle	angle droit
FI	right-angle thrust (against ice)	poussée à angle droit (contre la glace)
HK	right back	arrière droit (joueur de défense)
FI	right back inside edge; RBI edge	carre intérieure droite arrière; carre DARI
FI	right back outside edge; RBO edge	carre extérieure droite arrière; carre DARE
FI	right backward inside; RBI	droit arrière intérieur; DARI; intérieur(e) droit(e) arrière (dans une expression)
FI	right backward inside edge; RBI edge	carre intérieure droite arrière; carre DARI
FI	right backward outside; RBO	droit arrière extérieur; DARE; extérieur(e) droit(e) arrière (dans une expression)
FI	right backward outside edge; RBO edge	carre extérieure droite arrière; carre DARE
GN	right curve (of a bobsleigh or luge track)	virage à droite (d'une piste de bobsleigh ou de luge)
FI	right-foot stroke	poussée de la jambe droite

HK	right forward	avant droit (joueur)
FI	right forward inside; RFI	droit avant intérieur; DAVI; intérieur(e) droit(e) avant (dans une expression)
FI	right forward inside edge; RFI edge	carre intérieure droite avant; carre DAVI
FI	right forward outside; RFO	droit avant extérieur; DAVE; extérieur(e) droit(e) avant (dans une expression)
FI	right forward outside edge; RFO edge	carre extérieure droite avant; carre DAVE
CL	right-handed player	joueur droitier; joueuse droitière
FI	right inside edge	carre intérieure droite
FI	right outside edge	carre extérieure droite
BB	right runner	patin droit; patin du côté droit (un fixe et un articulé)
HK	right side; right wing	aile droite; flanc droit (position)
FI	right toe backward	piqué droit arrière
SP	right track (marked in green)	piste de droite (tracée en vert)
HK	right wing; right side	aile droite; flanc droit (position)
HK	right wing; right winger	ailier droit
SK	rime snow	neige givrée
SJ	rim of the mat covering	bord du tapis de plastique; bord du revêtement de plastique
BT	ring front-sight; front-sight cover	guidon annulaire
CL	rings	cercles concentriques; cercles
CL	rink	piste de curling; piste (Canada); rink de curling; terrain; rink (Europe)
ST	rink (hockey or skating)	patinoire (surface glacée pour le hockey ou le patinage)
CL	rink; team (4 players)	équipe de curling (4 joueurs(euses))
HK	rink corner	coin de la patinoire

ST	rivet	rivet
FR	RNS; receives no score	RAP; ne reçoit aucun point
HK	road game; away game	match à l'étranger; partie à l'étranger; match sur la route; partie sur la route
CL	rock; stone	pierre de curling; pierre (Canada); galet (Europe)
SP	rocker	courbe (de la lame du patin)
FI	rocker (a turn) (a compulsory figure)	contre-accolade (un virage) (une figure imposée)
FI	rocker (of the blade); rocker curve (of the blade of the skate)	courbe (de la lame); rayon (de la courbe de la lame)
FI	Rocker Foxtrot (dance)	Rocker Foxtrot (danse)
FI	rocking on blade (over the blade)	balancement sur la lame (au-dessus de la lame)
CL	rock placement	placé de la pierre
FI	RO edge	carre DE
CL	roll	rouler (effet sur une pierre)
FI	roll (a dance step)	roulé (un pas de danse); roulement
CL	roll (to)	rouler
GN	roll call	appel des noms
FI	rolling action over the toe; rolling over the toe	mouvement de roulement vers la pointe; roulement sur la pointe
FR	rooftop technique (mogul skiing)	technique du faîtage (ski sur bosses)
GN	rookie	recrue
GN	rookie of the year	recrue de l'année
SK	roped-off area	aire clôturée
SK	rope tow	câble de remontée
FI	rotary motion	moment rotatif
FI	rotating position	position de rotation

FI	rotation (3rd part of a lift or part 3 of a jump)	rotation (3e partie d'une levée ou 3e partie d'un saut)
FR	rotation (ballet)	rotation (ballet)
FI	rotation; revolution (in a spin)	rotation; révolution (dans une pirouette)
FI	rotational inertia	inertie rotative
FI	rotational jump	saut avec rotation
FI	rotational momentum	moment rotatif
FI	rotational motion; rotational movement	mouvement de rotation
FI	rotational speed	vitesse rotationnelle
FI	rotational velocity	vitesse de rotation
FR	rotation of 360, 540, 720, 900 degrees (ballet)	rotation de 360, 540, 720, 900 degrés (ballet)
SJ	rotative fall	chute avec rotation
HK	roughing; roughness (infraction)	rudesse (infraction)
HK	rough play	jeu brutal; jeu robuste; jeu rude
CL	rough side (of the stone)	côté rugueux (de la pierre)
SJ	round	manche
BT	round	tour
BT	round; cartridge	cartouche
HK	round corner of the rink	coin arrondi de la patinoire
SJ	round off (to) the length	arrondir la mesure de la distance
HK	round robin (among teams of each pool); round robin tournament (among all the teams registered in a tournament)	tournoi à la ronde (entre les équipes de chaque poule ou entre toutes les équipes inscrites à un tournoi)
CL	round robin tournament	tournoi à la ronde
ST	round stone	pierre ronde (pour polissage à la main)
FR	round turn	virage arrondi

GN	row	rangée (estrades, spectateurs)
FR	Royal (ballet spin)	Royal (vrille en ballet)
CL	Royal Caledonian Curling Club of Scotland	Royal Caledonian Curling Club d'Écosse
FR	Royal position (ballet)	position Royal (ballet)
FR	Royal spin (ballet)	vrille Royal (ballet)
CL	rub; chip; wick	effleurement; frôlement
CL	rub (to); chip (to); wick (to)	effleurer; frôler
LG	rubberized cloth (of speed suits)	tissu caoutchouté; tissu recouvert d'une pellicule de plastique (pour survêtement de luge)
SP	rubber marker; rubber block	cône en caoutchouc; bloc en caoutchouc
SK	rub in (to) wax	lisser le fart
CL	rudder (leg); trailing leg	jambe qui traîne
GN	rule book	livre de règles; règles (les); le règlement (OBS : Un règlement est constitué d'une série de règles)
FR	rules, regulations and judging criteria	règles, règlement et critères de jugement
FI	rulings of the referee	décisions de l'arbitre
FI	Rumba; Rhumba (dance)	Rumba (danse)
AL	run	piste; parcours; tracé
GN	run (alpine skiing, bobsleigh and luge)	descente; manche (ski alpin, bobsleigh et luge)
CL	run(s) (in the ice)	canal (canaux) (dans la glace)
FI	run (to); glide (to) (the blade on the ice)	glisser (la lame sur la glace)
FI	run; progressive; Pr (a dance step)	course; pas progressif; Pr (un pas de danse)
GN	run; track (bobsleigh or luge)	piste (de bobsleigh ou de luge)
FI	run back (to)	revenir en arrière en courant

FI	run-in (part 1 of a jump)	prise de vitesse (1ère partie d'un saut)
FI	run (to) in standing position	courir debout; courir en position debout
GN	run maintenance; track maintenance (bobsleigh or luge track)	entretien de la piste (de bobsleigh ou de luge)
GN	runner (an official)	messager (un officiel)
CL	runner	boulet (se dit d'une pierre)
LG	runner	patin (avec semelle en acier)
BB	runner (of a bob)	patin (d'un bob)
BB	runner measuring device	appareil de mesure de la dimension des patins
BB	runner suspension	suspension des patins
BB	runner-temperature measuring device	appareil de mesure de la température des patins
GN	runner-up	second(e) (2e de 2); deuxième (le, la) (2e de plus de 2)
CL	running stone	pierre en mouvement
CL	running surface (of the stone)	surface de glissement (de la pierre)
GN	running time	temps intermédiaire (temps qui s'écoule)
SP	run (to) on edges	courir sur les carres
BB	run record; track record (bobsleigh or luge track)	record de piste (piste de bobsleigh ou de luge)
BB	run-up	course d'élan (l'élan de départ)
SP	run (to) with arms behind the back	courir les mains sur le dos; courir les mains derrière le dos
SP	run (to) with both arms swinging	courir avec l'élan des deux bras; courir en balançant les deux bras
SP	run (to) with one arm swinging	courir avec l'élan d'un bras; courir en balançant un bras
HK	rush up (to) the ice	se lancer à l'attaque

S

SJ	safely pass (to) the change of gradient	maîtriser le passage du changement de pente; maîtriser le passage du changement d'inclinaison de la piste
SJ	safe position (of jumper)	attitude calme (du sauteur)
SK	safety bindings	fixations de sécurité
BT	safety bolt	cran de sûreté
FR	Safety Committee (including competitors)	Comité de sécurité (comprenant des compétiteurs)
BB	safety goggles	lunettes de sécurité; lunettes de protection
GN	safety measure	mesure de sécurité
FR	safety net	filet de sécurité
BT	safety regulations regarding shooting	mesures de sécurité relatives à l'arme et au tir
SP	safety track	piste de sûreté
SP	safety-type headgear	casque protecteur
SJ	safety zone (landing area; landing zone)	zone de réception (par rapport au tremplin); piste de réception (par rapport au skieur)
FI	Salchow jump; Salchow	saut Salchow; Salchow (un saut)
FI	Salchow takeoff	appel de Salchow
SP	sammelagt (point-scoring system used in Olympic style skating)	sammelagt (total des points) (système de pointage utilisé dans le patinage de style olympique)
GN	sanction	sanction
GN	sanctioned meet	compétition sanctionnée; rencontre sanctionnée
HK	save; stop (by a goaler)	arrêt (par un gardien de but)
FI	scale of marks	barème de notes; échelle des notes
FI	Schaeffer push (for backward loops)	poussée Schaeffer (pour exécuter les boucles arrière)

FI	"S" change (of edge)	changement de carre en « S »
GN	schedule	calendrier (des épreuves/matchs)
SP	schedule	fiche de temps
GN	schedule (to)	inscrire à l'horaire; inscrire au calendrier; mettre à l'horaire; mettre au calendrier
HK	scheduled game	match régulier; partie régulière
GN	scheduled start time	heure de départ prévue
FI	scissor step (a dance step)	pas ciseau (un pas de danse)
GN	score	marque; score (anglicisme); pointage (canadianisme)
HK	score (to) a goal	marquer un but
SJ	score (to) a jump	apprécier un saut; noter un saut; évaluer un saut
GN	scoreboard	tableau d'affichage (des résultats)
GN	scorecard	carte de marquage; carte de pointage (Canada)
GN	score form	formule de pointage
GN	scorer (player in curling or hockey)	marqueur; marqueuse (joueur(euse) au curling ou au hockey)
GN	scorer; score marker; scorekeeper (official)	pointeur; marqueur (officiel qui inscrit les points)
GN	scoresheet	feuille de marque; feuille de pointage (Canada)
GN	scoring	classement par points; marquage des points; calcul des points
GN	scoring (by a judge)	attribution des points (par un juge)
HK	scoring chance; scoring opportunity	occasion de marquer
HK	scoring champion	champion marqueur
GN	scoring office	bureau de calcul des résultats; bureau de pointage (Canada)
HK	scoring opportunity; scoring chance	occasion de marquer

CL	Scottish brush	brosse (écossaise)
HK	scout	dépisteur; éclaireur; recruteur
HK	scramble; melee; pile-up	empilage; mêlée
FI	scraped top of turn	sommet du virage râclé
SK	scraper	grattoir (de fart)
FI	scratch spin	pirouette sur pointe
FI	screen (to) (goaltender)	obstruer la vue; voiler la vue (du gardien de but)
HK	screened pass	passe voilée
HK	screened shot	lancer voilé; tir voilé
FI	scribe	compas
FI	scribed print	tracé fait au compas
FI	scull (to)	godiller
FI	scull (to) backwards	godiller vers l'arrière
FI	scull (to) forwards	godiller vers l'avant
FI	sculling	godille
FI	"S" curve	courbe en « S »; « S » vertical longitudinal
LG	"S" curve	virage en « S »
HK	season opener	match d'ouverture (d'une saison); partie d'ouverture (d'une saison); match inaugural (d'une saison); partie inaugurale (d'une saison)
HK	season ticket	abonnement
GN	seat (for spectators, on a bobsled or a luge)	siège (dans les estrades, sur un bobsleigh ou une luge)
LG	seated position; sitting position (on the luge before start, after finish)	position assise (sur la luge avant le départ, après l'arrivée)
CL	second (the)	deuxième (le/la)
HK	second half	deuxième demie

GN	second place	en seconde place; en seconde position (2e de 2); en deuxième place; en deuxième position (2e de plus de 2)
GN	second run (alpine skiing, bobsleigh and luge)	deuxième descente; deuxième manche (ski alpin, bobsleigh et luge)
FI	Sectional Championships; Sectionals	Championnats de section(s)
GN	security services	service d'ordre
LG	seeded group	groupe d'élite; groupe des classé(e)s (concurrent(e)s ayant fait l'objet d'un classement/ayant eu une place élevée au classement de compétitions antérieures)
LG	seeded positions; seeded places	positions déterminées selon le classement
GN	seeding (for a competition, according to results of previous events)	classement (aux fins d'une compétition, selon les résultats d'épreuves antérieures)
AL	Seelos; open H (a series of 3 gates placed in open, closed, open sequence)	Seelos (ensemble de portes, une horizontale, une verticale, une horizontale pouvant être légèrement décalées l'une par rapport à l'autre)
FI	selection of ice	choix de la glace
ND	select the trail (to)	choisir la piste
AL	self-redressing pole; flex pole	piquet articulé
FI	semicircle	demi-cercle
HK	semi-final game; semifinal game	match de demi-finale; partie de demi-finale
GN	semi-finals; semifinals	demi-finale
SK	semi-snowplow	demi-chasse-neige
FI	semi-spiral position	position de demi-spirale
HK	send (to) off the ice	expulser de la patinoire; expulser du jeu; expulser de la partie
FI	Senior Bronze Dance Test	test de danse senior bronze
FI	Senior Bronze Free Skate Test	test de style libre senior bronze
SJ	senior class	catégorie senior/Senior

FI	senior coach	entraîneur senior
FI	Senior ISU competition; Senior ISU event	compétition senior de l'U.I.P.
HK	senior league	ligue senior
FI	Senior (level)	niveau senior
HK	senior player	joueur senior; senior (un)
HK	senior team	équipe senior
SP	Senior World Championship	Championnat mondial senior
FI	sense of rotation	sens de la rotation
FR	separate draw	tirage au sort distinct
ND	separate draw (one for ski jumping, one for cross-country skiing)	tirage au sort séparé; tirage au sort distinct (un pour le saut, un pour le ski de fond)
FR	separate start order	ordre de départ distinct
FI	separation	éloignement; séparation (en couple et en danse)
GN	separation; dislocation	dislocation; luxation; désarticulation
FI	sequence (in ice dancing)	série de pas (en danse sur glace)
FI	sequencing; step sequence	suite de pas
GN	series (of events, games, shots, etc.)	série (d'épreuves, de matchs, de tirs, etc.)
GN	serious training	entraînement soigné; entraînement sérieux
FI	serpentine pattern	tracé en serpentin
FI	serpentine position stroke	poussée en serpentin
FI	serpentine step	pas en serpentin
FI	serpentine step sequence	série de pas en serpentin; suite de pas en serpentin
FI	serpentine stroking	poussée-élan en serpentin
HK	serve (to) a penalty	purger une pénalité/punition
BT	service rifle	fusil militaire

SP	Set!; Ready!	Prêts!; Prêtes!
GN	set (to) a record	établir un record (il n'y avait pas de record)
FI	set pattern (in ice dancing)	tracé prescrit (en danse sur glace)
AL	set (to) the course	tracer la piste
AL	set (to) the gate	placer la porte; disposer la porte
ST	setting of the blade (on a skating boot)	fixation de la lame (sur une chaussure de patinage)
AL	setting the course; course setting	traçage de la piste; traçage du parcours
CL	settle (to) by lot	déterminer au sort
BT	set trigger	double détente
HK	severe bodycheck (Canada); severe body check (Canada and USA); hard bodycheck (Canada); hard body check (Canada and USA)	mise en échec sévère; rude mise en échec
GN	sex control (women); femininity control	contrôle de féminité
HK	shadow (of an opponent)	couvreur (d'un joueur adverse)
FI	shadow skating; parallel skating (pairs)	patinage à l'unisson; patinage en parallèle (couple)
HK	shaft of the (hockey) stick	manche du bâton
BB	shaking	vibration
FR	shape (to) a jump	façonner un tremplin; apprêter un tremplin
FR	shaping of a jump	apprêt d'un tremplin
ST	sharpening jig	équipement d'affûtage; étau
ST	sharpen (to) blades (of skates)	affiler des lames; affûter des lames; aiguiser des lames (de patins)
CL	sheet (for curling)	piste (pour le curling)
LG	shell seat	siège moulé
XC	shelter	relais (le long des pistes); refuge

FI	shift of axis	déplacement de l'axe
GN	shift (to) one's bodyweight	transposer le poids du corps; transférer le poids du corps; déplacer le poids du corps
HK	shin guard; shin pad; shin protector	protège-tibia
HK	shoot (to)	tirer (vers le but); lancer (vers le but); décocher un tir (au filet); décocher un lancer (vers le filet)
BT	shooter	tireur
BT	shooting	tir
BT	shooting director	directeur de tir
BT	shooting lane	ligne de tir (espace réservé au tireur)
BT	shooting line	ligne de tir (espace entre le canon de la carabine et la cible)
BT	shooting position	poste de tir
BT	shooting ramp	banquette de tir; pas de tir
BT	shooting range; firing range	champ de tir (Canada); stand de tir (Europe)
BT	shooting sling	bretelle de tir
BT	shooting station	poste de tir
FI	shoot-the-duck (a field movement)	tir-au-canard (un mouvement de transition)
HK	shoot (to) the puck	lancer le disque/la rondelle; tirer le disque/la rondelle (vers le filet)
HK	shoot (to) the puck out of one's territory/zone; clear (to) the puck out of one's territory/zone	dégager son territoire/sa zone
FI	short axis (for ice dancing)	petit axe (pour la danse sur glace)
FI	short axis; transverse axis (in tracing edges and in figure eight)	petit axe (dans l'exécution de courbes et de la figure huit)
SJ	short-cut turf	herbe tondue ras
CL	short delivery	lancer court
SP	short distance; sprint	courte distance; sprint

SP	short-distance race; sprint	course de vitesse; sprint
SP	short-distance (speed) skater; sprint skater	patineur(euse) (de vitesse) de courtes distances; coureur(euse) de courtes distances; patineur(euse) (de vitesse) de sprint; coureur(euse) de sprint
SP	short-distance training; sprint training	entraînement de sprint
SK	shortened-interval starts	départs à intervalles raccourcis
SK	shortened start intervals	intervalles de départ raccourcis; intervalles raccourcis entre les départs
SJ	shortening of the takeoff	raccourcissement de la table du tremplin
XC	short event; short-distance event	courte distance; épreuve de courte distance
CL	short guard	garde courte
HK	short-handed goal	but marqué en désavantage numérique; but marqué en infériorité numérique
HK	short-handed team; penalized team	équipe qui joue en désavantage numérique; équipe qui joue en infériorité numérique; équipe pénalisée
SJ	short jump	saut court
HK	short pass	passe à courte distance; passe courte
FI	short program(me) (in singles and pairs)	programme court (en simple et en couple)
DS	short-radius christie	parallèle à court rayon
GN	short-radius turn	virage à court rayon
CL	short raise	montée courte
SP	short sammelagt	court sammelagt
CL	short slide	glissade courte
SP	short track	courte piste
SP	short track speed skater	patineur(euse) de vitesse sur courte piste

SP	short track speed skating	patinage de vitesse sur courte piste
SP	short track speed skating competition; short track speed skating meet	compétition de patinage de vitesse sur courte piste; rencontre de patinage de vitesse sur courte piste
DS	short turn	virage court; court virage
HK	shot	lancer (un); tir
SP	shot (start signal)	coup de feu (signal de départ)
HK	shot on the goal(er)	lancer au but; tir au but
CL	shot rock; shot	point (pierre près du bouton)
HK	shoulder check	mise en échec avec l'épaule
FI	shoulder lift	levée par l'épaule
HK	shoulder pad	épaulière
GN	shoulder separation	dislocation; luxation (d'une épaule)
LG	shoulder steering	guidage (de la luge) à l'aide des épaules et des bras; pression sur la luge à l'aide des épaules et des bras
SK	shovel	spatule (de ski)
HK	shovelled pass	passe balayée
HK	shovelled shot; sweep shot	lancer balayé; tir balayé
HK	shovel (to) the puck	pousser le disque/la rondelle (avec le bâton)
HK	shoving and pushing	bousculade; escarmouche
HK	shut-out (Canada); shutout (USA)	blanchissage; jeu blanc; victoire de … à 0
HK	shut out (to) an opponent; blank (to) an opponent	blanchir un adversaire; battre un adversaire à zéro
FR	side (part of a mogul)	versant (d'une bosse)
HK	side; wing (left/right)	aile; flanc (gauche/droit(e))
BT	side berms	remparts latéraux
CL	sideboards	bandes latérales

HK	side boards (Canada); sideboards (USA)	bande latérale
FI	side-by-side spiral; arabesque spiral	arabesque côte à côte; spirales arabesques (couple)
ND	side-by-side start (combined relay)	départ côte à côte (relais au combiné nordique)
CL	side circles; side(s) of the house	côté(s) de la maison
CL	side guard	garde latérale
AL	sidehill	pente en dévers; pente en biais
AL	sidehill gate	porte sur une pente en dévers; porte sur une pente en biais
AL	sidehill turn	virage sur une pente en dévers; virage sur une pente en biais
FR	Side Kick (aerial jump)	saut, les deux pieds projetés sur le côté
FI	side lift	levée latérale
FI	side line (of circle)	ligne latérale (du cercle)
CL	side(s) of the house; side circles	côté(s) de la maison
BB	side push bar	poignée de poussée latérale; barre de poussée latérale
SK	sideslip (to)	déraper latéralement
SK	sideslip; sideslipping	dérapage latéral
BB	sideslipping (during braking)	dérapage latéral (en freinant)
FR	side somersault (aerial jump)	saut périlleux de côté; saut périlleux latéral
SK	sidestep; sidestepping; climbing sidestep; sidestep climb	montée en escalier
SK	sidestep traverse; traverse sidestep; diagonal sidestep	montée en demi-escalier; montée en diagonale
FI	side stop	arrêt latéral
FI	side-to-side gliding (by one skater only)	glissade pas côte à côte (un seul patineur)
SK	sidewall (of a ski)	chant (d'un ski)

SJ	sidewalls of the inrun	bords de la piste d'élan; bords latéraux de la piste d'élan
SJ	sidewalls of the landing slope	bords de la piste de réception
GN	sidewalls of the track; sidewalls of the run (bobsleigh or luge track)	murs latéraux; parois de la piste (de bobsleigh ou de luge)
FI	sideways split	écarté latéral (couple)
BT	sight (on a rifle)	mire; point de mire
BT	sighting; zeroing	tirs d'essai
BT	sighting practice	exercices de visée
BT	sighting shot	coup d'essai; tir d'essai
GN	sign	panneau indicateur
GN	signal light	lumière indicatrice; signal lumineux
CL	silent takeout; flash	flash
GN	silver (ex.: to receive a silver)	argent (médaille) (ex. : se voir décerner l'argent)
CL	Silver Broom (trophy)	Balai d'argent (trophée, emblème de la suprématie mondiale au curling)
GN	silver medal	médaille d'argent
FR	simple airplane turn	saut vertical simple
GN	simultaneous starts (in biathlon and cross-country skiing relays and in some events in short track speed skating)	départs simultanés (dans les relais au biathlon et en ski de fond, et dans certaines épreuves de patinage de vitesse sur courte piste)
DS	single-arm amputee	amputé(e) d'un bras
FR	single inverted	saut périlleux simple
FI	single jump	saut simple
SP	single-lane track	piste à couloir unique
XC	single-pole; single-poling	poussée simple (poussée d'un seul bras à la fois)
LG	singles; single seaters; (type of event)	simple; luge simple; (genre d'épreuve)

FI	singles; single skating (category of skaters and type of event)	simple; patinage en simple (catégorie de patineurs et genre d'épreuve)
FI	single Salchow	Salchow simple
LG	single seater (type of sled)	luge simple (genre d'engin)
LG	single seaters; singles (type of event)	luge simple; simple (genre d'épreuve)
BT	single shot	coup simple; tir simple; un seul tir
FI	single skater	patineur(euse) de patinage en simple
SP	single skater (odd number of skaters, Olympic style)	patineur(euse) seul(e) (nombre impair de patineurs(euses), en style olympique)
FI	single skating; singles (category of skaters and type of event)	patinage en simple; simple (catégorie de patineurs et genre d'épreuve)
FR	single somersault	saut périlleux simple
FR	single somersault with twist(s)	saut périlleux simple avec vrille(s)
LG	singles pod	siège de luge simple
LG	singles slider	lugeur(euse) en simple
LG	singles start	départ pour les épreuves de luge simple
GN	single starts	départs décalés
FR	single twist	vrille simple
FR	single upright	saut vertical simple
GN	SIRC; Sport Information Resource Centre	C.D.S.; Centre de documentation pour le sport
HK	siren; horn	sirène
FI	sit//change//sit (combination)	(combinaison) pirouette assise//changement de pied//pirouette assise
FI	sit position (a classic spin position)	position assise (une position classique pour la pirouette)
FI	sit spin	pirouette assise
FR	sit spin (ballet)	vrille position assise (ballet)
FI	sit-spin position	position de rotation assise

CL	sitting position	position accroupie
BB	sitting position	position assise
FI	sitting position (a classic spin position)	position assise (une position classique pour la pirouette)
LG	sitting position; seated position (on the luge before start, after finish)	position assise (sur la luge avant le départ, après l'arrivée)
LG	sitting surface	superficie du siège
SJ	size of the (jumping) hill	grandeur du tremplin; dimension du tremplin; hauteur du tremplin
FR	size of the moguls	grosseur des bosses
ST	skate	patin
ST	skate (to)	patiner
FI	Skate America	Skate America
SP	skate (to) an oval	patiner en ovale; patiner sur un anneau de vitesse
SP	skate (to) a pattern	suivre un tracé
ST	skate boot	chaussure de patin
FI	Skate Canada	Skate Canada
ST	skate guard	protège-patin (protège le cuir de la chaussure)
SP	skate (to) in quartet style	courir en quatuor
FI	skate (to) on edge	glisser sur une carre; patiner sur une carre
FI	skate (to) on the flat	glisser sur le plat; patiner sur le plat (de la lame)
FI	skate (to) on the inside edge	glisser sur la carre intérieure; patiner sur la carre intérieure
FI	skate (to) on the outside edge	glisser sur la carre extérieure
ST	skater	patineur; patineuse
ST	skate tip	pointe du patin; pointe de la lame du patin
XC	skate turn	virage pas tournant; pas tournant

ST	skating boot	chaussure de patin
FI	Skating Committee	Comité de patinage
SP	skating direction	sens de la course
FI	skating direction	sens du déplacement; sens du tracé de la figure
FI	skating foot; tracing foot	pied porteur; pied traceur; pied qui patine
FI	skating leg; tracing leg	jambe traceuse; jambe qui patine
SP	skating oval; speed skating oval	piste ovale; anneau de vitesse; anneau de patinage de vitesse
SP	skating path (indoor skating)	tracé (patinage sur piste intérieure)
SP	skating position	position du (de la) patineur(euse) de vitesse
FI	skating program(me)	programme de patinage
ST	skating rink	patinoire
FI	skating session	séance de patinage
FI	skating-session schedule	programme des séances de patinage
XC	skating step	pas de patinage; pas de patineur; pas de patin
XC	skating technique	technique de patinage
SP	skating track	piste de patinage
LG	skeleton; skeleton sport	skeleton
SK	ski (alpine, cross-country, jumping, ballet, etc.)	ski (alpin, de fond, de saut, de ballet, etc.)
SK	ski arch	cambre du ski (partie courbe au centre du ski)
SK	ski area	domaine skiable (signifie habituellement « centre de ski »)
SK	ski base	semelle de ski
SK	ski bindings	fixations de ski

SK	ski boot	chaussure de ski (générique); botte de ski (très utilisé); soulier de ski (ski de fond); bottine de ski (canadianisme)
DS	ski bra (attachment for ski tips)	pont (pour lier les spatules)
SK	ski camber	cambrure du ski (rayon de courbure du ski)
SK	Ski Canada	Ski Canada
SK	ski centre	centre de ski
SK	ski control	contrôle des skis
XC	ski course	parcours; piste
ST	skid (to)	déraper
FI	skidded takeoff	appel dérapé
ST	skidding; skid	dérapage
SK	ski edge; edge	carre (de ski)
SK	skier	skieur; skieuse
SJ	ski flyer; flyer	sauteur de vol à ski
SJ	ski flying (ski jumping on a 120-m hill)	vol à ski (saut à ski sur tremplin de 120 m)
SK	ski goggles	lunettes de ski
SK	skiing equipment	équipement de ski
ND	skiing regulations	règlements relatifs à la course de fond
FR	ski jump; jump (a snow-built construction shaped before an aerial event, which is different from the ''jumping hill'' or ''hill'', a permanent structure for ski jumping or ski flying).	tremplin
SJ	ski jumper; jumper	sauteur à ski
SJ	ski jumping	saut à ski
SJ	ski jumping competition; jump(ing) competition	compétition de saut à ski

ND	ski jumping event (of the nordic combined: 3 jumps on the 70-metre hill)	épreuve de saut à ski (du combiné nordique : 3 sauts au tremplin de 70 mètres)
SJ	ski jumping event; jumping event	épreuve de saut à ski
SJ	ski jumping rules	règlement de saut à ski
SK	ski length	longueur d'un ski
SK	ski lift	remonte-pente; téléski; remontée mécanique; monte-pente
BT	ski marker	responsable du marquage des skis; contrôleur des skis
XC	ski marking	marquage des skis
XC	ski-marking controller	contrôleur du marquage des skis
SP	skin suit	mono-pièce; combinaison mono-pièce
CL	skip	capitaine; skip (de plus en plus utilisé en français)
SK	ski pants	pantaski
SJ	ski points (too high or too low)	spatules (trop relevées ou plongeantes)
SK	ski pole; pole	bâton; bâton de ski (dit aussi «canne» dans certaines expressions)
CL	skipped by ...	sous la direction du (de la) capitaine ...; sous la direction du (de la) skip ...
AL	ski racer	skieur(euse) de compétition (générique); slalomeur(euse), descendeur(euse) (spécifiques)
SK	ski relay race (in cross-country skiing, biathlon and nordic combined)	course de relais (en ski de fond, au biathlon, en combiné nordique)
SK	ski resort	station de ski
AL	ski run	piste de ski; parcours; tracé
SJ	skis apart	skis écartés; position écartée des skis
SJ	skis crossed horizontally	skis croisés horizontalement

SJ	skis crossed vertically	skis croisés verticalement
XC	ski-skating	pas de patinage; pas de patineur; pas de patin
XC	ski-skating on the flat	pas de patinage sur le plat
XC	ski-skating uphill	pas de patinage en montée
FR	ski-snow contact	contact entre les skis et la neige
SK	ski sock	bas de ski; chaussette de ski
SK	ski sole	semelle de ski
SJ	skis together	skis joints; skis parallèles
SJ	skis too wide apart	skis trop écartés
SK	ski tail	talon de ski
SK	ski thickness	épaisseur du ski
SK	ski tip	spatule de ski
XC	ski touring	ski de randonnée
SK	ski tow	remontée mécanique; remonte-pente; monte-pente
XC	ski track	piste; tracé (de la piste); trace des skis (sur la piste); parcours de ski
SK	ski-track stamper	dameur (de piste)
XC	ski trail	piste de ski; parcours; tracé
SK	ski trousers	fuseau de ski
DS	ski walker	déambulateur sur skis; marchette sur skis
SK	ski wax	fart
SK	ski waxing	fartage des skis
SK	ski weight	poids d'un ski
SK	ski width	largeur d'un ski
AL	slalom	slalom
AL	slalom boot	chaussure de slalom (générique)

AL	slalom course	parcours de slalom; piste de slalom
AL	slalom gate	porte de slalom
AL	slalom pole	piquet de slalom
AL	slalom race	course de slalom
AL	slalom racer	slalomeur; slalomeuse
FI	slalom skating (an exercise)	patinage en slalom (un exercice)
AL	slalom ski	ski de slalom
HK	slap pass	passe frappée
HK	slap shot	lancer frappé; tir frappé
HK	slash (to)	frapper avec le bâton; cingler
HK	slashing (infraction)	cinglage (infraction)
AL	Slavis; Slavisberg (2 offset closed gates placed at opposite angles)	Slavis; Slavisberg (2 portes en biais orientées dans un sens différent par rapport à la pente)
LG	sled; luge; luge sled	luge (l'engin)
GN	sled athletes (luge and bobsleigh athletes)	athlètes de luge et de bobsleigh
GN	slide (on the ice in curling and skating)	glissement (sur la glace en curling et en patinage)
CL	slide (to)	glisser
FI	slide chassé (a dance step)	chassé glissé (un pas de danse)
CL	slider; slippery sole; smooth surface (on the heel and toe of one curling shoe)	glisseur (sous le talon et les orteils d'une des deux chaussures)
CL	sliding foot	pied qui glisse; pied de glissade
DS	sliding straight run	descente glissée
LG	slight bend in the knees	légère flexion des genoux
SJ	slightly bent body	corps légèrement incliné
DS	slightly crouched position	position légèrement accroupie
BT	sling; carrying frame; carrying harness	bretelle de portage; bretelle de transport; bretelle de tir

HK	slip off (to) a stick (puck)	glisser sur un bâton (se dit de la rondelle)
BB	slip out (to)	sortir de piste; déraper
CL	slippery sole; smooth surface; slider (on the heel and toe of one curling shoe)	glisseur (sous le talon et les orteils d'une des deux chaussures)
DS	slip phase	phase de dérapage
SK	slope	inclinaison; pente
AL	slope course length	longueur de la pente; longueur du parcours; longueur de la piste
FR	slope devoid of convolutions	pente sans circonvolutions
FR	slope devoid of undulations	pente sans ondulations
HK	slot; goal slot	embouchure du filet; embouchure du but
FI	slow dance	danse lente
SJ	slow inrun	piste d'élan lente
GN	slow-motion replay (TV)	reprise au ralenti; ralenti (télévision)
FI	slow spin	pirouette lente; pirouette exécutée lentement
CL	slow up (to) the stone	ralentir la pierre
BT	small bore	petit calibre
BT	small-bore rifle	arme de petit calibre
FR	small kicker (front and back) (type of jump for front and back aerial manoeuvres)	petit tremplin pour sauts périlleux (avant et arrière)
SP	smooth rhythmic weight transfer	transfert du poids du corps avec rythme et de façon coulée; déplacement du poids du corps avec rythme et de façon coulée
CL	smooth side (of the stone)	côté poli (de la pierre)
CL	smooth surface; slippery sole	glisseur (sous une chaussure)
LG	smooth transitory curve	courbe de transition douce
HK	snap pass	passe frappée courte

HK	snap shot	lancer frappé court; tir frappé court
SK	snow	neige
SK	snow blindness	cécité des neiges; ophtalmie des neiges
XC	snow buildup; balling-up; clumping (under ski)	bottage (de la neige sous les skis)
FR	snow compaction	compactage de la neige
SK	snow conditions	conditions de neige; état de la neige; qualité de la neige
SK	snow conditions	conditions d'enneigement; enneigement (quantité de neige au sol)
SK	snow cover	enneigement; couverture de neige
SK	snow depth	épaisseur de la neige
SP	snow division (track)	délimitation (piste)
SK	snowdrift	congère
GN	snowfall	chute de neige
SK	snowfence	clôture à neige
SK	snowflake	flocon de neige
SK	snow goggles	lunettes de neige
SK	snow gun; snowmaker	canon à neige
SK	snow layer	couche de neige
SP	snow line	bordure de neige; ligne de neige
SK	snowmaker; snow gun	canon à neige
SK	snowmaking	enneigement artificiel; fabrication de neige
SK	snowplough (machine)	chasse-neige (engin pour l'entretien des pistes)
SK	snowplow (ski movement)	chasse-neige (position et mouvement de descente en ski)
SK	snowplow (to)	faire du chasse-neige; descendre en chasse-neige

FI	snowplow stop	arrêt en chasse-neige
SK	snowplow turn	virage chasse-neige
SJ	snow profile	profil de neige
GN	snowstorm	tempête de neige
SK	snow temperature	température de la neige
FR	snow-to-ski contact	contact entre la neige et les skis
BB	snowy run	piste enneigée
DS	socket	emboîture
ST	soft ice	glace molle
SK	soft snow	neige molle
SK	''software''	équipement vestimentaire
SK	soft wax	fart mou
SK	sole (of a ski); ski sole	semelle (du ski)
XC	sole plate	plaquette
ST	sole plate (part of the blade)	plaque de la semelle (partie de la lame)
ST	sole-plate setting (on skates)	fixation de la plaque de la semelle (sur des patins)
SJ	solid template (marks snow profile)	gabarit fixe (marque le profil de neige)
FI	solo	en solo
FI	solo jumps (pairs)	sauts individuels (patinage en couple)
FI	solo move; solo skating move	mouvement du patinage en simple
FI	solo skating (in dance tests)	patinage en solo (dans les tests de danse)
FI	solo skating move; solo move	mouvement du patinage en simple
FR	somersault	saut périlleux
GN	sound and visual signal (luge: 30 or 45 seconds to start) (bobsleigh: 60 seconds to start)	signal sonore et visuel (luge : 30 ou 45 secondes pour prendre le départ) (bobsleigh : 60 secondes pour prendre le départ)

GN	sounding of an electronic system	son provenant d'un système électronique
GN	sound of the bell	coup de cloche; son de la cloche (pour les participant(e)s)
BB	spare bob	bob de réserve
BT	spare rifle	carabine de rechange; arme de rechange
BT	spare rounds (relay competition)	cartouches de réserve (course de relais)
BB	spare runner	patin de réserve
HK	spear (to)	darder
HK	spearing (infraction)	avoir dardé; dardage (infraction)
AL	"special area" of the finish area	« aire spéciale » de l'aire d'arrivée
SK	special-interval starts	départs à intervalles spéciaux
SJ	special jump	saut spécial
DS	Special Olympics	Jeux Olympiques spéciaux
SK	special start intervals	intervalles de départ spéciaux; intervalles spéciaux entre les départs; intervalles particuliers entre les départs
BT	specified disqualification	disqualification pour des raisons précises; disqualification pour des raisons explicites
XC	specified time limit	délai prescrit
GN	spectator	spectateur; spectatrice
GN	spectator control	service d'ordre
GN	speed	vitesse atteinte (par le sauteur, le skieur, le bob, etc.)
FR	speed (Ex.: Points given for "speed" in moguls.)	vitesse (élément jugé dans l'épreuve des bosses)
GN	speed (of a ski lift)	vitesse (d'un télésiège)
LG	speed boot; speed bootie	chaussure de poussée
LG	speed boot cover; speed bootie cover	couvre-chaussure de poussée

GN	speed buildup	force d'accélération
BB	speed curve	courbe d'accélération; virage d'accélération
FI	speed of entry (into a spin)	vitesse d'entrée (dans une pirouette)
GN	speedometer	indicateur de vitesse
SP	speed skate	patin de vitesse
SP	speed skater	patineur de vitesse; patineuse de vitesse
SP	speed skating	patinage de vitesse
SP	speed skating attire (stretch suit)	tenue de patinage de vitesse (combinaison mono-pièce)
SP	speed skating oval; skating oval	anneau de patinage de vitesse; anneau de vitesse; piste ovale
SP	speed skating shoe	chaussure de patinage de vitesse
SP	speed skating stretch suit; speed skating skin suit	combinaison mono-pièce de patinage de vitesse
SP	speed skating track	piste de patinage de vitesse
LG	speed suit; luge speed suit	survêtement pour la luge
CL	spiel; bonspiel	tournoi de curling; spiel; bonspiel
BB	spiked boot (brush-like type of spikes)	chaussure à pointes
FR	spin	vrille
FI	spin; spinning	pirouette
FI	spin axis	axe de la pirouette
FI	spin combination	combinaison de pirouettes
FI	spinning jump	saut en pirouette
FI	spin(ning) position	position de pirouette
FI	spin revolution; spin rotation	rotation d'une pirouette; révolution d'une pirouette
FI	spiral (a field movement)	spirale (un mouvement de transition)
FI	spiral curve	courbe spirale

FI	spiral figure	spirale (figure)
FI	spiralling edge	carre spiralée (carre décrivant la courbe); carre de spirale
FI	spiralling edge	courbe en spirale (de la carre sur la glace)
FI	spiralling entry edge	carre spiralée d'entrée
FI	spiral position	position de la spirale; position spirale; position en spirale
FI	spiral pushoff; spiral thrust	poussée en spirale
FI	spirals in opposite direction (pairs)	spirales en directions opposées (couple)
FI	spiral thrust; spiral pushoff	poussée en spirale
FI	split (a jump)	grand écart; écarté (un) (un saut)
GN	split; split time	temps de passage (à une distance donnée en cours d'épreuve ou à un ou plusieurs points d'une piste)
FR	split flip (ballet)	culbute non groupée (ballet)
FR	Split Front Pole flip (ballet)	culbute avant non groupée en appui sur les bâtons (ballet)
FI	split jump	saut écarté; écarté (un)
FI	split lift	levée « grand écart »
FR	Split Pole flip (ballet)	culbute non groupée en appui sur les bâtons (ballet)
FI	split position (in a jump)	position de grand écart (en effectuant un saut ou dans une levée); position écartée; écarté (un)
FR	Splitser (aerial jump)	Splitser (saut)
GN	split time; split	temps de passage (à une distance donnée en cours d'épreuve ou à un ou plusieurs points d'une piste)
GN	sponsor	commanditaire
GN	sponsorship	commandite (le fait de commanditer)
FI	''spooned'' three	trois en « cuillère »

FI	"spooned" turn	virage en « cuillère »
GN	sport badge	insigne (d'une discipline sportive)
GN	Sport Information Resource Centre; SIRC	Centre de documentation pour le sport; C.D.S.
GN	sporting year	année sportive (année d'activités sportives d'un club ou dans une discipline donnée)
GN	Sport Medicine Council of Canada	Conseil canadien de la médecine sportive
LG	sport of luge; luge sport; tobogganing	sport de luge
SK	sport of skiing	ski
GN	sports activity	activité sportive
GN	sports advisor	conseiller sportif
GN	sports broadcast	émission sportive
GN	sports centre	complexe sportif; centre sportif
GN	sports commentator	commentateur sportif
GN	sports competition	compétition sportive
GN	sports event	épreuve sportive
GN	sports expert	spécialiste du sport; expert en sport
GN	sports facility	installation sportive
GN	sports federation	fédération sportive
GN	Sports Federation of Canada	Fédération des sports du Canada
GN	Sports Hall of Fame	Temple de la renommée des sports
GN	sports licence	carte d'identité de l'athlète
GN	sportsman; sportswoman	sportif; sportive; personnalité sportive
GN	sportsmanship	esprit sportif; bon esprit sportif
GN	sports medical room	cabinet de consultation de médecine sportive

GN	sports physician	médecin de médecine sportive; thérapeute en sport
GN	sports press	presse sportive
GN	sports reporter	correspondant sportif
BT	sports shooting	tir sportif
GN	sports team	équipe sportive
GN	sports yearbook	annuaire du sport; annuaire des sports
GN	sport venue location	emplacement d'une installation sportive
LG	spot check	vérification au hasard
FI	spot on the blade	centre d'équilibre sur la lame
FI	spotter (teacher's aid)	observateur (aide à l'enseignement)
GN	sprain	entorse (ligaments); foulure (ligaments); claquage (muscles)
FR	Spread Eagle (aerial jump)	Spread Eagle (saut)
FI	Spread Eagle (a field movement)	grand aigle (un mouvement de transition)
FR	Spread Kick (aerial jump)	saut, jambes écartées
FI	sprint (to) (as an exercise)	patiner rapidement (comme exercice)
SP	sprint; short distance	sprint; courte distance
SP	sprint; short-distance race	sprint; course de vitesse
SP	sprint championship	championnat sprint
SP	sprint skate	patin de sprint
SP	sprint skater; short-distance skater	patineur(euse) (de vitesse) de sprint; coureur(euse) de sprint; patineur(euse) (de vitesse) de courtes distances; coureur(euse) de courtes distances
SP	sprint training; short-distance training	entraînement de sprint
FI	"S" pushoff	poussée en « S »; poussée de départ en « S »; poussée-élan en « S »

FI	square spiral position	position spirale droite
FI	SR; swing roll (a dance step)	RSW; roulé swing (un pas de danse)
LG	stabilizer bar	barre de stabilité
GN	stadium	stade
FI	staging area	aire d'accueil des patineurs
FI	stag position (in a jump)	position du cerf; position de biche; saut de biche; une biche (en effectuant un saut, dans une levée)
XC	stakning (Norwegian term); double-pole; double-poling (OBS: Stakning is done without any leg movement.)	stakning (terme norvégien); double poussée; poussée simultanée (OBS : Le stakning s'exécute sans la participation des jambes.)
SK	stamper	dameur (de piste)
SJ	stamp (to) the inrun (of the jumping hill)	damer la piste d'élan; remettre la piste d'élan en état
SK	stamp (to) the run	damer la piste
CL	stance (in delivering the stone)	posture (en lançant la pierre)
FI	stance (while performing)	posture (en exécutant les figures)
ST	stanchions (of the blade)	montants (de la lame)
SJ	standard of style	norme de style
BT	standard rifle	arme standard; carabine standard
SP	standard track	piste standard; piste réglementaire
SJ	standing jump	saut debout
FI	standing position	position debout
SP	standing position (for a standing start)	position debout (pour un départ arrêté)
BT	standing position (for shooting)	position debout (pour tirer)
GN	standings	classement
BT	standing (shooting) position	tir debout
BB	standing start	départ arrêté
SP	standing start	départ debout

SP	stand (to) in the starting position	prendre la position de départ
SP	stand leg; supporting leg	jambe d'appui; jambe support
GN	stands	estrades; gradins
FI	Starlight Waltz (dance)	Valse Starlight (danse)
HK	start	début; démarrage (d'une partie)
GN	start (action)	départ (action de prendre le départ)
HK	start (to) a play; begin (to) a play	amorcer un jeu
AL	start apparatus	mécanisme de départ
LG	start area	aire de départ (comprend le poste de départ, la piste d'élan et la ligne de départ)
GN	start beam (on the start line of the luge or of the bobsleigh track)	faisceau de départ (faisceau déclencheur du chronométrage à la ligne de départ de la piste de luge ou de bobsleigh)
AL	start cabin; start hut	bâtiment de départ; cabine de départ
GN	start command (sound); command to start	signal de départ (sonore)
XC	start (to) down the fall line	amorcer une descente
AL	start elevation	altitude au départ
GN	starter	chef de départ; responsable du/des départ(s) (Canada); starter (Europe et FIS)
SJ	"start free" signal	signal « piste libre »
LG	start handle	étrier de lancement
LG	start house	poste de départ
AL	start hut; start cabin	cabine de départ; bâtiment de départ
SK	start(ing) area; start(ing) zone	aire de départ; zone de départ
BB	start(ing) block	poutre de départ; bloc de départ
BB	starting bob; starting bobsled; starting sled	bob prenant le départ

SJ	starting delay	délai avant le départ; délai alloué avant le départ
SJ	starting delay control	contrôle du délai avant le départ
SJ	starting delay installation	appareil de contrôle du délai avant le départ
LG	starting facilities	installations au départ (dans l'aire de départ)
SK	start(ing) gate	portillon de départ
SJ	starting gate; start platform	plate-forme de départ
GN	start(ing) line	ligne de départ
HK	starting line-up/lineup	formation de début de match; formation initiale; formation partante
GN	start(ing) mechanism	mécanisme de départ
GN	start(ing) number	numéro de départ
GN	start(ing) order	ordre de départ
BB	starting part of the run (bobsleigh run)	tronçon de départ de la piste (de bobsleigh)
GN	starting place	lieu de départ
SJ	starting place; starting point	point de départ (sur le haut de la piste d'élan, selon l'état de la piste et les conditions de neige)
XC	starting place (relay)	place de départ (relais)
GN	starting point	point de départ
SJ	starting point; starting place	point de départ (sur le haut de la piste d'élan, selon l'état de la piste et les conditions de neige)
SK	starting position	position de départ
ST	starting position (body position of the skater waiting for the start signal)	position de départ (pose, attitude fixe du/de la patineur(euse) attendant le signal de départ)
LG	start(ing) ramp	rampe de départ
BB	starting run-up time	temps pour l'élan de départ

XC	starting sequence	ordre de départ
GN	starting shot	coup de pistolet; coup de départ; signal de départ
BB	starting sled; starting bobsled; starting bob	bob prenant le départ
GN	start(ing) time	heure de départ; temps de départ
SJ	starting track on the inrun	trace pour l'élan du skieur; trace sur la piste d'élan
BB	starting zone	zone de départ; zone de lancement
SK	start(ing) zone; starting area	zone de départ; aire de départ
AL	start in pairs (in parallel slalom)	départ par deux (en slalom parallèle)
GN	start intervals	intervalles de départ; intervalles entre les départs
LG	"start is clear" signal	signal «départ libre»
LG	start leader	chef au départ (à la ligne de départ)
GN	start list	liste des départs (donne l'ordre de départ); liste de l'ordre des départs
GN	start-list time	heure sur la liste de départ; temps sur la liste de départ
GN	start method; start procedure	méthode de départ
GN	start official	officiel au départ (Canada); starter (Europe)
GN	start of the race	début de l'épreuve; début de la course
LG	start operator	responsable du système de signalisation du départ
GN	start order; starting order	ordre de départ (des concurrent(e)s); classement (des concurrent(e)s)
SJ	start platform; starting gate	plate-forme de départ
BT	start positions in the hand-over zone (relays)	départ dans la zone de passage des relais
AL	start posts (2)	poteaux de départ (2)
GN	start procedure; start method	méthode de départ

AL	start recorder	secrétaire au départ
GN	start referee (sometimes called "start judge")	juge au départ; juge de départ (habituellement on rend « referee » par « juge » lorsque cet officiel est appelé à porter un jugement)
GN	start signal (seen)	signal de départ (visuel)
BB	start site	site du départ; emplacement du départ; aire de départ
ND	start time (cross-country)	temps de départ (ski de fond)
ND	start-time differences (cross-country)	écarts entre les temps de départ (fond)
SP	start (to) the skaters	donner le signal de départ (aux patineurs(euses))
XC	start track	piste de départ
ND	start tracks (combined cross-country)	pistes de départ (ski de fond au combiné nordique)
LG	start-training facility	installation pour s'entraîner aux départs; installation pour l'entraînement aux départs
BT	start type	type de départ; genre de départ
GN	state of health	état de santé
FR	statics (terrain, fall line and traverse are statics)	statique (le terrain, la ligne de pente et la traverse sont des éléments statiques)
DS	stationary connector (on outriggers)	joint fixe (sur les bâtons d'appui)
CL	stationary stone	pierre immobile
FI	Statue of Liberty; one-arm lift	levée par un bras; Statue de la Liberté
CL	stay out (to); drift out (to); hang (to)	tomber (se dit de la pierre)
SJ	steadiness of a jumper	constance d'un sauteur (fluidité des mouvements)
SJ	steady green light (first 10 seconds of countdown)	feu vert permanent (10 premières secondes du compte à rebours)
SJ	steady landing	réception assurée; réception sûre

SJ	steady position of jumper	attitude sûre du sauteur
SJ	steady red light (after 20 seconds total starting delay)	feu rouge permanent (après les 20 secondes allouées avant le départ)
CL	steal (to)	voler la manche; voler le bout
HK	steal (to) the puck	soutirer le disque/la rondelle (à un adversaire)
LG	steel blades (to the wooden runners)	semelles en acier; lames en acier (recouvrant les patins de la luge)
LG	steel bottom (of the runner)	semelle d'acier; lame d'acier (d'un patin)
SK	steel edge (of a ski)	carre d'acier (d'un ski); carre métallique
BB	steel runner	patin en acier; patin d'acier
GN	steepest part of track; steepest part of run (bobsleigh or luge track)	partie la plus inclinée de la piste (de bobsleigh ou de luge)
FR	steepness (12 to 20 degrees) (ballet terrain)	inclinaison (12 à 20 degrés) (terrain pour le ballet)
FR	steepness (25 to 35 degrees) (mogul terrain)	inclinaison (25 à 35 degrés) (terrain pour le ski sur bosses)
SK	steep slope	pente raide
FR	steering	force directionnelle
LG	steering	guidage
HK	steer (to) an opponent away; move (to) an opponent away	faire déborder un joueur adverse; faire déborder un adversaire
BB	steering axle	train articulé
LG	steering belt	sangle de guidage
BB	steering cable; cable	câble de direction
FR	steering effort	effort directionnel
LG	steering technique	technique de guidage
BB	steering wheel (and cable)	volant
GN	step (ballet or ice dancing)	pas (ballet ou danse sur glace)

FR	Step Around (ballet spin)	Step Around (vrille en ballet)
FI	step diagram	diagramme chorégraphique
FI	step-down (out of a figure)	sortie (d'une figure)
FI	step-down curve	courbe de sortie
FI	step forward	pas avant
FI	step notation	notation chorégraphique
FI	step-over (to change foot in a change spin)	pas de côté (pour changer de pied dans une pirouette)
FI	step sequence; sequencing	série de pas
XC	step turn	virage pas tournant; pas tournant
FI	step wide	grand pas
GN	steward	préposé au service d'ordre; membre du service d'ordre
HK	stick; hockey stick	bâton (de hockey)
HK	stick blade	lame de palette de bâton
HK	stick boy	préposé aux bâtons
HK	stick checking	mise en échec avec le bâton
HK	stickhandle (to)	manier le bâton; tricoter
HK	stickhandler	manieur de bâton
HK	stickhandling	maniement du bâton; tricotage
CL	stick (to) in the house	rester dans la maison
CL	sticking in the house	immobilisation dans la maison
HK	stickwork	technique de maniement du bâton
ST	sticky ice	glace collante
ST	stiff ice; hard ice	glace dure (glace sèche qui ne glisse pas)
SJ	stiff landing	réception raide
FR	stiffness	rigidité
FI	stiffness	raideur

FI	stock boot	chaussure de confection
HK	stocking	bas
CL	stolen end	manche volée; bout volé
ST	stone; edging stone; grinding stone	pierre à affûter; pierre à aiguiser
CL	stone; rock	pierre de curling; pierre (Canada); galet (Europe)
CL	stone coming to rest	pierre qui s'immobilise
CL	stone in play	pierre en jeu
CL	stone played by mistake	pierre jouée par erreur
CL	stone set in motion	pierre mise en mouvement
FI	stop	arrêt
HK	stop (to)	arrêter; freiner
HK	stop; save (by a goaler)	arrêt (par un gardien de but)
HK	stoppage of play; time-out	temps d'arrêt; arrêt du jeu
GN	stopping of a heat; stopping of a run (bobsleigh or luge)	arrêt d'une manche; interruption d'une manche (bobsleigh ou luge)
FI	stopping point	point d'arrêt
SP	stop signal	signal d'arrêt
HK	stop (to) the puck	bloquer la rondelle; arrêter la rondelle
CL	stop (to) the stone	freiner la pierre
GN	stopwatch	chronomètre
XC	straight ascent	montée directe
XC	straightaway	droit (d'un parcours; de la piste)
LG	straightaway (luge track)	droit (un droit); ligne droite (de la piste de luge)
SP	straightaway (of the skating oval)	ligne droite (de l'anneau de vitesse)
XC	straight-down (position)	position de descente
SP	straight edge (rule)	règle (vérifie la courbe de lame)

SJ	straightening of the knees	redressement des genoux; extension des genoux
SJ	straightening-up of the body (after landing)	relèvement du corps (après la réception)
CL	straight handle	sans effet
GN	straight line	ligne droite; droit (un) (d'une piste)
FI	straight-line pattern	tracé en ligne droite
FI	straight line	ligne longitudinale
FI	straight lines (on a circle)	parties rectilignes (d'un cercle)
FI	straight-line step	pas en ligne droite
FI	straight-line (step) sequence	suite/série de pas en ligne droite
SJ	straight part of the inrun	partie droite de la piste d'élan
GN	straight part of the track; straight part of the run (luge or bobsleigh track)	partie rectiligne d'une piste; droit d'une piste (de luge ou de bobsleigh)
FI	straight pattern	tracé droit
SP	straight run	course en ligne droite
AL	straight run; straight running	trace directe; descente en trace directe
DS	straight running	descente (en ligne de pente)
SK	strap; wrist-strap	dragonne; sangle
LG	strategic approach (of the track)	approche stratégique (de la piste); stratégie de descente
BB	streamlined shape	forme aérodynamique
SP	strengthening the ankles	renforcement des chevilles
SJ	strength of a jumper	force d'un sauteur
SJ	stretched body	corps tendu
GN	stretcher	civière; brancard
SJ	stretching of the body	extension du corps
GN	stretch of track; stretch of run (luge or bobsleigh track)	portion d'une piste; tronçon d'une piste (de luge ou de bobsleigh)

SP	stretch suit; skin suit	combinaison mono-pièce; mono-pièce
HK	stride	enjambée
SP	stride	longue foulée; poussée-élan
XC	stride; glide; gliding	glissement
CL	strike (to)	frapper
HK	striking an official; hitting an official (infraction)	avoir frappé un officiel (infraction)
CL	striking edge (of the stone)	couronne (de la pierre)
BT	string (of shots)	série de tirs
FI	stroke; stroking	poussée; poussée-élan
FI	stroking pattern	tracé de poussée-élan
FI	stroking technique	technique de poussée-élan
DS	stump	moignon
DS	stump protector	protecteur de moignon
SJ	style point	note de style
SJ	style points	total des notes de style
AL	Subcommittee for Alpine Courses (FIS)	Sous-comité des pistes alpines (FIS)
SK	Subcommittee for Classification (of FIS)	Sous-comité de classement (de la FIS)
AL	Subcommittee for Classification of Alpine Competitors (FIS)	Sous-comité de classement pour les épreuves alpines
SK	Subcommittee for Rules, Equipment and Control of Competitions (FIS)	Sous-comité des règles, de l'équipement et du contrôle des concours (FIS)
FI	subcurve	courbe incomplète
GN	submittal of a protest	dépôt d'un protêt (Canada); dépôt d'une réclamation (Europe)
FI	Subsectional Championships; Subsectionals	Championnats de sous-section(s)
FI	subsectional competition	compétition de sous-section(s)

GN	substitute	remplaçant(e); suppléant(e); substitut (un(e)) (adj. au nom)
FI	substitute coach (of a club or team)	entraîneur remplaçant; entraîneur substitut
FI	substitute judge	juge suppléant (qui complète la tâche); juge substitut (qui remplace)
BT	substitution for a nominated competitor	remplacement d'un concurrent par un substitut
HK	sudden death; sudden-death overtime	période supplémentaire; prolongation (avec arrêt de la partie dès qu'un but est marqué)
HK	suicide pass	passe suicide
FI	suitability to music (of choreography)	conformité à la musique (de la chorégraphie)
FI	summary marking card	carte de résumé des notes
FI	summary sheet (test)	feuille de récapitulation des tests
BT	summer biathlon	biathlon d'été
FI	summer school	école d'été
BB	sunshades (in case of rain, snow or sun)	stores parasols (en cas de pluie, neige ou soleil); pare-soleil
AL	Super G; super giant slalom	Super G; slalom super géant; super géant
LG	supplementary weight; additional weight	poids complémentaire; lest
LG	supplementary weight allowance; additional weight allowance	poids complémentaire autorisé; lest autorisé
GN	supplier	fournisseur
HK	supporter; fan	partisan; supporter
SP	supporting leg; stand leg	jambe d'appui; jambe support
GN	support personnel	personnel de soutien
BT	support services chief	chef des services de soutien; chef organisateur
HK	suspended player	joueur suspendu

HK	suspension	suspension
BB	suspension of (front or rear) runners	suspension des patins (avant ou arrière)
CL	sweater (for curling)	chandail; t-shirt (de curling)
HK	sweater; team sweater	chandail (d'équipe)
CL	sweep (to) a stone	balayer une pierre
CL	sweeper	balayeur; balayeuse
CL	sweeping; sooping	balayage
CL	sweeping line; sweeping score	ligne de pointage; ligne du T (Canada); ligne de balayage; tee score (Europe)
CL	sweeping stroke	coup de balai; coup de brosse
HK	sweep shot; shovelled shot	lancer balayé; tir balayé
CL	sweep (to) the ice	balayer la piste; balayer la glace (Canada); balayer le « rink » (Europe)
BB	sweep (to) the run (after snowfall)	balayer la piste (après une chute de neige)
SJ	swing	élan
SP	swing	élan; balancement du (ou des) bras
FI	Swing Dance (dance)	Danse Swing (danse)
FI	swinging (the arms and free leg)	balancement (des bras et de la jambe libre)
FI	swing Mohawk (a dance step)	Mohawk swing (un pas de danse)
FI	swing roll; SR (a dance step)	roulé swing; RSW (un pas de danse)
SJ	swing (to) the hands	faire une rotation des mains (donne l'élan)
CL	swingy ice	glace qui déboule
GN	symbol	emblème; symbole
FI	symmetrical curves; symmetrical cusps (of a turn)	lobes symétriques (d'un virage)

FI	symmetrical pattern of continuous half-circles	tracé symétrique de demi-cercles continus
FI	symmetrical skating; mirror skating (pairs)	patinage symétrique; patinage reflété (couple)
GN	synchronism	synchronisme

t

FR	table (of the ramp)	plat (du tremplin)
SJ	table for the penalization of the faults	barème pour la pénalisation des fautes
SJ	table of calculation	barème pour les calculs
SJ	table point; TP	point de table; PT
GN	tactics	tactique(s)
SK	tail (of a ski)	talon (de ski)
FR	Tail Around (ballet spin)	Tail Around (vrille en ballet)
FR	Tail Around move (ballet)	mouvement Tail Around (ballet)
HK	take (to) an opponent out of a play	sortir un adversaire du jeu
FR	takeoff (first phase of aerial manœuvres)	envol (première phase des sauts)
SJ	takeoff (of the jumping hill)	table du tremplin
FI	takeoff (part 2 of a jump)	appel (2e partie d'un saut)
SJ	takeoff (part of a jump)	détente; envol; envoi (composante d'un saut)
FI	takeoff (push by the skater at the start of the rotation in the air)	envol (poussée du patineur au début de la rotation dans les airs)
CL	take off (to); overcurl (to); cut too much (to); grab (to)	dévier (se dit de la pierre)
FI	takeoff action	mouvement d'appel
FI	takeoff angle	angle de l'appel; angle au moment de l'appel
FI	takeoff curve	courbe de la carre d'appel
FI	takeoff edge	carre d'appel; carre de départ

SJ	takeoff edge	nez de la table du tremplin; nez du tremplin
SJ	takeoff inclination	inclinaison de la table du tremplin
FI	takeoff leg	jambe d'appel
FI	takeoff lift	poussée d'appel
SJ	takeoff platform	plate-forme de départ; élan; piste d'élan (le sens combine l'élan et la table du tremplin)
SJ	takeoff point; 0	nez du tremplin; 0
FR	takeoff point of the jump	point d'envol du tremplin
SP	takeoff position (not in common use)	position d'élan (peu utilisée)
FI	takeoff speed; takeoff velocity	vitesse (au moment) de l'appel
FI	takeoff timing	synchronisation de l'appel
SJ	takeoff tower	tour de départ
SJ	takeoff track	piste d'élan; piste de départ
FI	takeoff velocity; takeoff speed	vitesse (au moment) de l'appel
CL	take out (to) a rock	sortir une pierre
CL	take-out; takeout	lancer de sortie; sortie
HK	take (to) the puck	s'emparer de la rondelle/du disque
FI	Tango (dance)	Tango (danse)
FI	Tango hold	prise Tango; prise de Tango
FI	Tango Romantica (dance)	Tango Romantica (danse)
CL	tap-back	frappé-poussé (un)
GN	tape	ruban (de l'arrivée)
HK	tape	ruban gommé
SJ	tape measure	mesure à ruban
BB	tapered-off end of the runner	pointe arrière arrondie du patin
BB	tapered-off tip of the runner	pointe avant arrondie du patin

FI	tap loop jump; toe loop jump; cherry flip	saut de boucle piqué; boucle piqué; cherry flip
BT	target	cible
CL	target	maison (Canada); cible; but; grand rond (Europe)
CL	target (skip's broom)	cible (balai du capitaine)
BT	target butt	fosse de tir (côté cible)
BT	Target Evaluation Committee (of UIPMB)	Commission de contrôle des cibles (de l'U.I.P.M.B.)
BT	target surface distance (between firing point and target) (50 m)	distance de la surface des cibles (distance entre la ligne de tir et la surface des cibles) (50 m)
XC	tarring	goudronnage
CL	tea kettle; wobbler (said of a rock)	danseuse (se dit d'une pierre)
GN	team	équipe
BB	team (of a bob)	équipe; équipage (d'un bob)
CL	team; rink (4 players)	équipe de curling (4 joueurs(euses))
BB	team captain (a team of 2 or 4 bobsledders)	capitaine d'une équipe (de 2 ou de 4 bobbeurs)
GN	team captain (for a group of athletes of a country in a given sport)	chef d'équipe (pour un groupe d'athlètes d'un pays dans une discipline donnée)
HK	team captain	capitaine (d'une équipe)
ND	team combined cross-country race	course de ski de fond par équipe au combiné nordique; course de fond par équipe au combiné nordique
HK	team competition	compétition par équipe
SK	team competition; team event (in biathlon, cross-country skiing, ski jumping and nordic combined)	compétition par équipe; épreuve par équipe (en biathlon, ski de fond, saut à ski et combiné nordique)
GN	team leader (for a country's team)	chef d'équipe (de l'équipe d'un pays)
GN	team manager	directeur de l'équipe
GN	teammate	coéquipier; coéquipière; équipier; équipière

GN	team member	équipier; équipière; membre d'une équipe
SK	team relay; relay; relay event; relay competition (in biathlon, cross-country skiing and nordic combined)	relais par équipe; relais; épreuve de relais; course à relais; compétition de relais (en biathlon, ski de fond et combiné nordique)
CL	team sweeping	balayage en équipe
SP	team trials (national)	essais pour la composition d'une équipe (nationale); éliminatoires pour la composition d'une équipe (nationale)
XC	team waxing room	salle de fartage pour les équipes
BB	technical check	vérification technique
BT	Technical Committee (of UIPMB)	Commission technique (de l'U.I.P.M.B.)
FI	technical content of (a program(me))	contenu technique (d'un programme)
BB	technical data (concerning the run)	données techniques (relatives à la piste)
FR	technical difficulty (Ex.: Points given for "technical difficulty" in ballet.)	difficulté technique (élément jugé dans l'épreuve de ballet)
BT	technical failure (rifle)	défectuosité technique (du fusil)
XC	technical installations (for a competition)	aménagements techniques; installations techniques (pour une compétition)
SJ	technical measurement	mesure technique (le produit ou l'action)
FI	technical merit	valeur technique
FI	technical merit mark	note pour la valeur technique
HK	technical mistake; technical error	défaillance technique; erreur technique
GN	technical part of a competition	déroulement technique d'une compétition
SP	technical training	entraînement technique
SP	technical weight transfer	transfert technique de poids

CL	tee	bouton; T (Canada); mouche; tee (Europe)
CL	tee centre	centre du T (Canada); centre du tee (Europe)
CL	tee circle	T (le T)
CL	tee line; tee score	ligne du T (Canada); tee score (Europe)
FI	teeth (skate)	dents (patin)
SJ	telemark landing	réception en position fendue; réception en position de télémark
SJ	telemark position	position de télémark; position fendue
XC	telemark turn	virage en télémark
GN	television and radio rights	droits de télédiffusion et de radiodiffusion
GN	television-viewing audience	téléspectateurs(trices)
XC	temperature board	tableau des températures
LG	temperature check of the runners; measurement of runner temperature	vérification de la température des patins
XC	temperature measuring station	station météorologique
GN	temperature of runners (of a bob or luge)	température des patins (d'un bob ou d'une luge)
HK	temporary suspension (of a game)	suspension temporaire (du jeu ou d'une partie)
GN	tempo training	entraînement de résistance
HK	tendon guard	protège-tendon
ST	tend (to) the ice (skating and curling)	entretenir la glace (patinage et curling)
FI	Ten-Fox (dance)	Ten-Fox (danse)
GN	tenth of a second	dixième de seconde
FR	terrain steepness	inclinaison du terrain
HK	territory; zone	territoire; zone
FI	Test Chairman (for a club)	Président des tests (d'un club)

FI	Test Committee (for a club)	Comité des tests (d'un club)
GN	test competition (one year prior to Olympic Winter Games)	compétition d'essai (Canada); compétition de test (Europe) (un an avant les Jeux Olympiques d'hiver)
FI	test day	journée de test
SJ	testing of the (jumping) hill	essai du tremplin
FI	test record	dossier des résultats de tests
LG	test run	descente d'essai
FI	test session	séance de test
FI	test sheet	feuille de test
SP	test shot	coup d'essai
GN	(The) Commonwealth Games Association of Canada Inc.	L'Association canadienne des Jeux du Commonwealth inc.
SK	(The) International Ski Competition Rules; ICR	Les règlements des concours internationaux du ski; RIS
SJ	thick, short-cut turf	gazon épais et tondu court
SJ	thick turf	gazon épais
HK	thigh guard; thigh pad; thigh protector	protège-cuisse; cuissard
CL	third; vice-skip; mate	troisième (le/la); vice-capitaine (le/la)
FR	three-event competition	compétition à trois épreuves
FI	three jump (a jump)	trois sauté (un saut)
FI	three jump; waltz jump; waltz (a jump)	saut de trois; saut valsé; saut de valse
FI	three-lobe figure	figure à trois cercles
FI	three-quarter turn; 3/4 turn	trois quarts de révolution
XC	three-step double-pole; three-step double-poling	trois pas, double poussée
DS	three-track (a); three-track skier	trois traces (un(e)); skieur(euse) à trois traces

DS	three-track skiing; three-track ski (1 ski and 2 outriggers)	ski à trois traces (1 ski et 2 bâtons d'appui)
DS	three-track (-skiing) demonstrator	démonstrateur(trice) de ski à trois traces
FI	three turn (in singles or ice dancing)	virage trois (en simple ou en danse)
FI	three-turn entry	entrée du virage trois
FI	throw; throw jump (pairs)	saut lancé (couple); lancé
HK	throw (to) a player out of the game	expulser un joueur du match
FI	throw loop	boucle lancée
HK	throw (to) one's stick	lancer son bâton (sur la trajectoire de la rondelle)
FI	throw Salchow jump	saut Salchow lancé
FI	throw waltz jump	saut de valse lancé
FI	thrust	poussée
FI	thrusting motion	mouvement de poussée
XC	thrust of the left/right leg	poussée de la jambe gauche/droite
FI	thumb-hold-hand hold	prise du pouce
FI	thumb-hold-wrist grip	prise de pouce et de poignet
BT	thumbhole (in stock)	cavité (pour le pouce dans la crosse)
BT	thumb rest	appui pour le pouce
FR	Thumper (ballet skiing manœuvre)	Thumper (mouvement de ballet)
FR	Thumper 360 (ballet)	Thumper 360 (ballet)
FR	Thumper Staycross 360, 540, 720, etc. degrees (ballet jump)	Thumper Staycross 360, 540, 720, etc. degrés (saut en ballet)
GN	ticket taker	contrôleur
HK	tick off (to) the goaler's glove/mitt (puck)	effleurer la mitaine/le gant du gardien de but (se dit d'une rondelle)
GN	tie	égalité
HK	tie; tie(d) game	match nul; partie nulle

HK	tie (to) a game	faire match nul; faire partie nulle
GN	tie (to) a record	égaliser un record
GN	tie breaker	bris d'égalité (au classement)
GN	tied	ex aequo; à égalité
HK	tie(d) game; tie	match nul; partie nulle
GN	tied record	record égalé
HK	tie (to) the score	égaliser la marque
HK	tight game	match serré; partie serrée
HK	tight play	jeu serré
HK	tight turn	virage brusque
BT	time adjustment	équivalence de temps
HK	time clock	chronomètre
XC	time-difference average	moyenne des temps mesurés
ND	time disadvantage (from the start time of the best jumper)	retard de temps (sur le temps de départ du meilleur sauteur)
GN	timed run	descente chronométrée
GN	timed training	entraînement chronométré
FR	time increment	écart de temps
GN	timekeeper; timer	chronométreur
XC	timekeepers' area	aire des chronométreurs
GN	timekeeping; timing	chronométrage
GN	timekeeping failure; timing failure; timekeeping breakdown; timing breakdown	défectuosité du système de chronométrage; bris du système de chronométrage
XC	time limit	délai
HK	time-out; stoppage of play	temps d'arrêt; arrêt du jeu
FR	time points (mogul event)	notes de temps (épreuve de ski sur bosses)
GN	timer; timekeeper	chronométreur

BB	time recording	enregistrement des temps
BB	time-recording system	système d'enregistrement des temps
SP	time slip	feuille de temps
GN	timetable	horaire
SP	time trials	essais chronométrés
FI	timing	synchronisation
FR	timing (basic element of mogul skiing)	coordination (élément de base du ski sur bosses)
FR	timing (of body movements)	coordination (des mouvements)
GN	timing; timekeeping	chronométrage
SP	tip (of a skate)	pointe (du patin)
SK	tip (of a ski)	spatule (de ski)
HK	tip (to) a shot	faire dévier un tir; faire dévier un lancer
FR	Tip Cross (aerial jump)	Tip Cross (saut)
FR	Tip Drag takeoff (ballet)	envol Tip Drag; envol en laissant traîner la spatule (ballet)
FR	Tip Drop (aerial jump)	Tip Drop (saut)
BB	tip of the runner	pointe du patin
FR	Tip Press (ballet manœuvre)	Tip Press (mouvement de ballet)
FR	Tip Roll (ballet spin)	Tip Roll (vrille en ballet)
FR	Tip-Tail spin (ballet)	vrille Tip-Tail (ballet)
LG	toboggan (as a synonym of ''luge'')	luge
SK	toboggan (first aid)	traîneau (premiers soins)
LG	tobogganing (a luge competition)	compétition de luge
LG	tobogganing; luge sport; sport of luge	sport de luge
LG	tobogganing doubles; doubles; double seaters	luge double

LG	tobogganing singles; singles; single seaters	luge simple
FI	toe-assisted jump	saut piqué
FI	toe-assisted takeoff	appel de saut de pointe
FI	toe jump	saut piqué; saut de pointe
FI	toe loop; toe loop jump; tap loop jump; cherry flip	saut de boucle piqué; boucle piqué; cherry flip
FI	toe loop jump position	position du saut de boucle piqué
FI	toe loop//toe loop (combination jumps)	saut de boucle piqué//saut de boucle piqué (combinaison)
FI	toe loop//toe loop combination	combinaison de deux sauts de boucle piqués
HK	toe of the (hockey) stick	pointe du bâton de hockey
FI	toe picks	dents de pointe
SK	toe piece (of a binding)	butée (partie avant d'une fixation)
FI	toe push; toe pushing	poussée de la pointe du pied
FI	toe Salchow	Salchow piqué
FI	toe spin	pirouette sur pointe
FI	toe step	pas piqué; pas de pointe
FI	toe stop	arrêt de pointe
FI	toe-to-toe push	poussé « pointe à pointe »
FI	toe usage	usage du pas de pointe
FI	toe Walley (a jump)	Walley piqué (un saut)
ST	tongue	languette (du patin)
BB	tooth (of the "harrow-type" brake)	dent (de frein du type « herse » ou « à râteau »)
FI	tooth (of skate blade)	dent (de lame de patin)
FR	top (part of a mogul)	sommet (d'une bosse)
GN	top competitor	compétiteur(trice) d'élite

SJ	top of takeoff (as seen from under)	nez du tremplin (vue de dessous d'un tremplin)
FI	top of the circle	sommet du cercle
CL	top of the house; front of the house	devant de la maison
GN	top-quality competitor	compétiteur(trice) de grande classe
LG	top rider; rider	pilote
GN	top speed	vitesse de pointe; vitesse maximale
BB	top three teams; first three teams	trois premières équipes au classement
XC	torch	torche avec réservoir à gaz au butane ou propane; lampe à souder; chalumeau
GN	torch bearer	porteur(euse) de la flamme; porteur(euse) du flambeau
AL	torn-away banner	banderole déchirée
AL	torn-away flag	fanion déchiré
FI	torque	torsion
XC	total climbs; MT	montée totale; MT
SJ	total distance-point score	total des notes de longueur
SJ	total landing (landing slope L + landing area M)	aire totale de réception (zone de réception courbée L + zone de réception M)
GN	total number of points	total des points; note totale
SJ	total points (for each round)	note finale; note totale (pour chaque saut)
SJ	total style-point score	total des notes de style
GN	total time; aggregate time	temps combiné; totalisation des temps
BB	total weight (bob + bobsledders + ballast)	poids total (engin + bobbeurs + lest)
LG	total weight (luge + luger(s) + ballast)	poids total (luge + lugeur(s)/(euse)(s) + lest)
FR	touch-down (after a jump; an error)	touché du sol (de la main après un saut: une erreur)

FI	touch-down (an error)	touché (une erreur)
SJ	touching the snow or the skis with both hands to regain balance (error)	toucher la neige ou les skis des deux mains pour maintenir son équilibre (une erreur)
SJ	touching the snow or the skis with one hand to regain balance (error)	toucher la neige ou les skis d'une main pour maintenir son équilibre (une erreur)
FI	touch (to) the ice (an error)	toucher la glace; effleurer la glace de la main (erreur)
LG	tough driving curve	courbe d'accélération accentuée; parcours exigeant dans les virages
CL	tough ice	glace dure
HK	tough player; aggressive player	joueur combatif
XC	touring	randonnée en ski
HK	tournament	tournoi
SJ	TP; table point	PT; point de table
FI	T pushoff (backward pushoff)	poussée de départ en T (une poussée arrière)
FI	trace (of the blade on the ice)	trace (de la lame sur la glace)
FI	trace (to) on the ice	tracer sur la glace
FI	tracing (of a figure)	tracé (d'une figure)
FI	tracing foot; skating foot	pied traceur; pied porteur; pied qui patine
FI	tracing leg; skating leg	jambe traceuse; jambe qui patine
SP	Track!	Piste!
XC	Track!	Piste!; Track! (accepté internationalement)
XC	track	piste; tracé (de la piste); tracé des skis (sur la piste)
FI	track (in ice dancing)	voie (en danse)
GN	track; run (bobsleigh or luge)	piste (de bobsleigh ou de luge)
GN	track bed (bobsleigh or luge)	fond de piste (bobsleigh ou luge)

SP	track change	changement de couloir
GN	track course (bobsleigh or luge track)	tracé de la piste; parcours de la piste (de bobsleigh ou de luge)
FI	tracking (in ice dancing)	tracé (en danse sur glace); parcours
XC	tracking patrol (to keep the course open)	patrouille traceuse (pour tenir la piste ouverte)
FI	tracking position (in ice dancing)	position de parcours (en danse)
XC	track line	tracé de la piste
GN	track maintenance; run maintenance (bobsleigh or luge track)	entretien de la piste (de bobsleigh ou de luge)
GN	track record; run record (bobsleigh or luge track)	record de piste (piste de bobsleigh ou de luge)
SP	track steward	préposé à la piste
SP	track surveyor	responsable de la piste
GN	track worker (bobsleigh or luge track)	chargé de l'entretien de la piste (de bobsleigh ou de luge)
HK	trade (to) a player	céder le contrat d'un joueur (à une autre équipe)
SK	trail; course	piste; parcours; tracé
XC	trail chief	chef de piste
CL	trailing foot	pied qui traîne
FI	trailing foot	pied arrière; pied en arrière; pied qui traîne
CL	trailing leg; rudder (leg)	jambe qui traîne
XC	trail length	longueur de la piste
SP	trail markers	balises (cônes ou blocs)
SP	trail marking	balisage de la piste (avec des cônes ou des blocs)
SK	trail marking	balisage de la piste; balisage du parcours; jalonnement de la piste; jalonnement du parcours

XC	trail opener	ouvreur(euse) de piste (pisteur : si la piste est ouverte par celui qui en fait l'entretien)
GN	train (to); practise (to); work out (to)	s'exercer; s'entraîner
HK	trainer (of a hockey team)	soigneur (pour une équipe de hockey)
GN	trainer; coach	entraîneur
GN	training building	chalet de conditionnement; chalet d'entraînement
HK	training camp	camp d'entraînement
GN	training course	piste d'entraînement; parcours d'entraînement
GN	training descent; training run (bobsleigh or luge)	descente d'entraînement (bobsleigh ou luge)
SP	training lane	couloir d'entraînement
GN	training number	dossard d'entraînement
XC	training run	piste d'entraînement; parcours d'entraînement
AL	training run; practice run	descente d'entraînement
GN	training run; training descent (bobsleigh or luge)	descente d'entraînement (bobsleigh ou luge)
GN	training schedule	horaire d'entraînement; horaire des entraînements
GN	training time	temps d'entraînement
BT	trajectory	trajectoire
FR	trajectory (of aerial skier)	trajectoire (d'un sauteur)
FI	transfer of angular momentum	transfert du moment angulaire
FI	transfer of momentum	transfert du moment linéaire; transfert du momentum; transfert de l'impulsion
FI	transfer of rotational momentum	transfert du moment rotatif
FI	transition (change of weight in ice dancing)	transition (transfert de poids en danse sur glace)

FR	transition (from landing hill to the outrun)	raccordement (entre la piste d'atterrissage et la piste de dégagement)
FR	transition (meeting of two slopes)	transition (rencontre de deux pentes)
FR	transition area (of the landing hill)	aire de raccordement (entre la piste d'atterrissage et la piste de dégagement)
GN	transition(s) between straightaway and curves (bobsleigh or luge track)	raccordement(s) entre le droit et les virages; transition(s) entre le droit et les virages (piste de bobsleigh ou de luge)
SJ	transition curve (R1) (from the inrun to the takeoff)	courbe de raccordement (R1) (entre la piste d'élan et la table du tremplin) (appelée aussi : courbe de la piste d'élan)
SJ	transition curve (R2) (from the landing slope to the outrun)	courbe de raccordement (R2) (entre la zone de réception et la zone de dégagement) (appelée aussi : courbe de dégagement)
LG	transitory curve	courbe de transition
BB	transportation run (transportation of bobs to the start)	piste de remontée des engins
FI	transverse axis; short axis (for ice dancing)	axe transversal (pour la danse sur glace)
XC	transverse line	ligne transversale
HK	trapper	gant attrape-disque/rondelle de gardien de but; mitaine attrape-disque/rondelle de gardien de but
FI	travel(l)ing (on ice)	déplacement (sur glace)
AL	traverse	traversée
FR	traverse (line crossing the fall line)	traverse (ligne croisant la ligne de pente en diagonale)
SK	traverse ascent	montée en biais
XC	traverse downhill	descente en traversée
XC	traverse of a slope	traversée d'une pente
SK	traverse sidestep; sidestep traverse; diagonal sidestep	montée en demi-escalier; montée en diagonale

DS	traversing	traversée (de la pente)
SJ	trial jump	saut d'essai (avant la compétition, par des non-concurrents)
SJ	trial jumper	sauteur d'essai
SJ	trial round	manche d'essai
GN	trial run	course d'essai
AL	trial run	descente d'essai
BT	trigger	détente
BT	trigger guard	pontet
BT	trigger spring	ressort de la détente
HK	trip (to) (infraction)	faire trébucher (infraction)
FI	triple Axel Paulsen; triple Axel	triple Axel Paulsen; triple Axel
SK	triple chair; triple chair lift	télésiège triple; télésiège triplace
FI	triple flip (a jump); triple flip jump	triple flip (un saut)
FR	triple inverted	triple saut périlleux
FI	triple jump	triple saut
FI	triple loop (a jump)	triple boucle (un saut)
FI	triple loop jump	triple saut de boucle
FI	triple Lutz	triple Lutz
FR	triple-mixed upright	triple saut vertical mixte
FI	triple repetition	triple répétition
FI	triple Salchow (a jump)	triple Salchow (un saut)
FI	triple-Salchow jump	saut triple Salchow
FR	triple somersault	triple saut périlleux
FR	triple somersault with twist(s); triple twisting somersault	triple saut périlleux avec vrille(s)
FI	triple toe-loop (a jump)	triple boucle piqué (un saut)
FI	triple toe-loop jump	triple saut de boucle piqué

FR	triple twist	triple vrille
FR	triple twisting somersault; triple somersault with twist(s)	triple saut périlleux avec vrille(s)
FR	triple upright	triple saut vertical
HK	tripping (infraction)	avoir fait trébucher (infraction)
FR	trough (between two moguls)	creux (entre deux bosses)
FI	T-stop	arrêt en T
FR	tuck (position)	position groupée; un groupé
FI	tuck position (in a jump)	position carpée; saut groupé (en effectuant un saut dans les airs)
SK	tuck position; crouch position; egg position (a downhill position)	position ramassée; position de recherche de vitesse; position de l'œuf; l'œuf (une position de descente)
CL	tuck slide	glissade sur les orteils
GN	turn	virage
CL	turn (of a rock)	mouvement de rotation (d'une pierre)
FI	turn (of a skater)	rotation; tour (parfois : virage)
FR	turns (EX.: Points given for "turns" in moguls.)	virages (élément jugé dans l'épreuve des bosses)
FI	turning action	mouvement de virage
FI	turning mechanism	technique du virage
AL	turning pole (inside pole)	piquet-pivot (de virage) (piquet intérieur)
GN	T.V. broadcasting	télédiffusion; diffusion télévisée
FR	twist (aerial jump)	vrille (saut)
FR	twist (ballet)	rotation (ballet)
FR	Twister (aerial jump)	Twister (saut)
FR	twisting flip (aerial jump)	saut périlleux (arrière) avec rotation latérale
FR	twisting somersault	saut périlleux avec vrille(s)

FI	twizzle (a dance step)	volte-face (un pas de danse)
FR	two-event competition	compétition à deux épreuves
FI	two-foot glide	glissé sur deux pieds
FI	two-foot jump; two-foot jumping	saut sur deux pieds
FI	two-foot spin	pirouette sur deux pieds
FI	two-foot takeoff	appel sur deux pieds
SP	two-lane track; double track	piste à deux couloirs; piste double
BB	two-man bob; two-man bobsled; two-man bobsleigh	bob à deux (l'engin); boblet
BB	two-man bob; two-man bobsleigh (an event)	bob à deux (une épreuve)
LG	two-man luge	luge double hommes
FI	two-pairs (skating)	patinage en quatuor
XC	two parallel tracks	deux pistes parallèles; pistes doubles parallèles
HK	two-referee system	arbitrage à deux
AL	two-run event	épreuve en deux manches
LG	two-seater luge	luge double
FR	Two-Ski 360 (ballet jump)	360 sur deux skis (saut en ballet)
FR	Two-Ski 360 (takeoff in ballet)	360 sur deux skis (envol en ballet)
FR	Two-Ski Vault; Two-Ski (edgeset in snowplow) (takeoff in ballet)	rotation sur deux skis (prise de carres en chasse-neige) (envol en ballet)
XC	two-step double-pole; two-step double-poling	deux pas, double poussée
XC	two tracks	traces doubles; deux traces
HK	tying goal	but égalisateur
BT	type of bolt action	principe de fonctionnement pour la répétition des carabines
BT	type of start	type de départ

u

BT	UIPMB; International Union of Modern Pentathlon and Biathlon	U.I.P.M.B.; Union internationale de pentathlon moderne et de biathlon
CL	umpire	arbitre
HK	unanswered goal	but (marqué) sans riposte
HK	unassisted	sans aide
FI	underarm Axel lift	levée Axel avec prise sous le bras
CL	underhand grip (for sweeping)	prise par-dessous (pour tenir le balai)
CL	underthrown (rock); light (rock)	pierre légère
ST	uneven ice	glace inégale
XC	unhindered overtaking	dépassement sans difficulté
FI	uniform curvature	courbe uniforme; uniformité de la courbe
FI	uninterrupted repetition	répétition sans interruption; répétition ininterrompue
FI	unison (in pairs or ice dancing)	harmonie (en couple ou en danse); à l'unisson
BT	unload (to) a rifle	désapprovisionner une arme; désapprovisionner une carabine; décharger une arme; décharger une carabine
XC	unmarked ski	ski non marqué
HK	unnecessary roughing; unnecessary roughness (infraction)	rudesse excessive (infraction)
SP	unobstructed view of a race	champ de vision libre de la course
GN	unofficial result	résultat non officiel
SK	unofficial team standings	classement non officiel par équipe
GN	unofficial time	temps non officiel
LG	unseeded	non-classé(e) (concurrent(e) n'ayant pas fait l'objet d'un classement avant l'épreuve)
LG	unseeded group	groupe des non-classé(e)s (n'ayant pas fait l'objet d'un classement)

BT	unspecified disqualification	disqualification pour des raisons non précisées par le règlement
GN	unsportsmanlike manner	conduite antisportive
SJ	unsteadiness	manque de sûreté
SJ	unsteadiness instantly corrected	manque d'assurance aussitôt corrigé
SJ	unsteadiness in the air	manque d'assurance en vol
SJ	unsteadiness on landing	manque d'assurance à la réception
SJ	unsteadiness on skis	manque de sûreté sur ses skis
SJ	unsteadiness on the landing slope	manque d'assurance sur la piste de réception
SJ	unsteady jumper	sauteur manquant de sûreté; sauteur manquant de constance
GN	unusual circumstance	circonstance inusitée; circonstance fortuite
SK	unweighting (of skis)	allègement (des skis)
FI	unweighting; weight transfer; weight transference	transfert de poids; transfert du poids
FI	unweighting motion	mouvement de transfert de poids
DS	unweighting phase	phase d'allègement
DS	uphill christie	virage amont
XC	uphill diagonal stride	pas alternatif en montée
XC	uphill section	section de la piste en montée; section du parcours en montée; parcours en montée
SK	uphill side	en amont
SK	uphill ski	ski amont
XC	uphill technique	technique utilisée dans les montées
XC	uphill traverse	traverse amont
SK	uphill turn	virage amont
FR	Uphill vault 360, 540, 720, etc. degrees (ballet jump)	rotation amont 360, 540, 720, etc. degrés (saut en ballet)

XC	uphill wax	fart de montée
FR	upper body	haut du corps; partie supérieure du corps
SJ	upper body fully stretched out	haut du corps complètement tendu; buste complètement tendu
FI	upper-body rotation	rotation du buste
SJ	upper edge of the takeoff	extrémité du nez de la table
SK	upper ski	ski amont
FI	''up'' position; lift-off position (in a jump)	position d'envol; position de poussée (dans un saut)
FR	upright	saut vertical
FR	upright aerial	saut vertical
FI	upright Kilian pair spin	pirouette en couple, debout, en position Kilian; pirouette debout en position Kilian (couple)
FR	upright manœuvre	manœuvre à la verticale; saut vertical
SJ	upright position	position debout
FI	upright position	position verticale; position debout
FR	upright rotational manœuvre	manœuvre à la verticale avec rotation; saut vertical avec rotation
LG	upright seated position	position assise, dos droit
FI	upright spin	pirouette debout; pirouette verticale
FR	up-unweighting (performed by extending the ankles, knees and hips)	allègement vert le haut (par l'extension des chevilles, des genoux et du bassin)
GN	usher; usherette	ouvreur; ouvreuse
FR	utilization of space	utilisation de l'espace

V

AL	valid start	départ valable; bon départ
SJ	value (to) a jump	apprécier un saut
GN	vantage point	point d'observation; poste d'observation; bonne vue sur l'installation
FI	variation dance and original set-pattern dance	variante de danse et danse sur tracé original prescrit
FI	variation dances	variantes de danse
GN	varnish (for skates and skis)	laque (pour patins et skis)
GN	varnish (to) (skates and skis)	laquer (des patins et skis)
FI	vault (move to leave the ice for a flip or a jump)	saut; envol (mouvement, effort pour quitter la glace pour un flip ou un saut)
FI	vaulting action	saut; mouvement d'envol
FI	velocity	vélocité
GN	venue	lieu de compétition; emplacement; site
GN	verbal protest	protêt verbal (Canada); réclamation verbale (Europe)
FI	vertical axis (in a turn)	axe vertical (dans un virage)
FR	vertical axis of the body	axe vertical du corps
FI	vertical component (of a jump takeoff)	composante verticale (de l'appel d'un saut)
BB	vertical drop (of the bobsleigh track)	dénivellation (de la piste de bobsleigh)
AL	vertical gate (a closed gate)	porte verticale (une porte fermée)
FI	vertical lift (on the takeoff of a jump)	poussée verticale (au moment de l'appel d'un saut)
DS	vertical movement	mouvement vertical
XC	vertical poles (determining start and finish line)	piquets verticaux (délimitant la ligne de départ et la ligne d'arrivée)

FI	vertical speed (on the landing of a jump)	vitesse verticale (au moment de la réception au sol d'un saut)
CL	vice-skip; third; mate	troisième (le/la); vice-capitaine (le/la)
GN	victory; win	victoire
GN	victory podium	podium des vainqueurs
GN	video-finish camera	caméra de vidéo
GN	video tape recorder; VTR	magnétoscope
FI	Viennese Waltz (dance)	Valse viennoise (danse)
CL	vigorous sweeping	balayage vigoureux
GN	VIP; very important person	dignitaire; haute personnalité; personnage de marque; visiteur(euse) de marque; personnalité de marque
GN	VIP area	aire réservée aux dignitaires
GN	VIP box	loge d'honneur
HK	visiting team	visiteurs; équipe des visiteurs
LG	visor; bubble visor	visière (en forme de bulle)
GN	visual and sound signal(l)ing instrument (luge and bobsleigh)	signal visuel et sonore (luge et bobsleigh)
DS	visually impaired (person)	handicapé(e) visuel(le); malvoyant(e)
SJ	visual measurement	mesure visuelle
GN	VTR; video tape recorder	magnétoscope

W

FI	waist hold (a hold for pair spins)	prise par la taille (pour pirouettes en couple)
FI	waist lift	levée par la taille
XC	walking step	pas marché
LG	walk (to) the track	faire la reconnaissance de la piste; remonter la piste à pied

FI	Walley (a jump)	Walley (un saut)
FI	waltz	valse
FI	waltz (a jump); waltz jump; three jump	saut valsé (un saut); saut de valse; saut de trois
FI	waltz eight (an exercise figure)	huit valsé (une figure d'exercice)
FI	waltz hold (a hold for pair spins)	prise de valse (pour pirouettes en couple)
FI	waltz jump; waltz (a jump); three jump	saut valsé (un saut); saut de valse; saut de trois
FI	waltz jump//loop (combination jumps)	saut valsé//saut de boucle (combinaison)
FI	waltz jump takeoff	appel de saut valsé
FI	waltz lift	levée de valse
FI	waltz spin (pairs)	pirouette valsée (couple)
BB	warm (to) the runners	chauffer les patins
GN	warm up (to)	s'échauffer (en début de journée); se mettre en train; se réchauffer (après un temps d'arrêt)
GN	warm-up; warming-up	échauffement (en début de journée); mise en train; réchauffement (après un temps d'arrêt)
GN	warm-up exercise	exercice d'échauffement; exercice de mise en train
FI	warm-up patch (on the ice)	parcelle d'échauffement (sur la glace)
GN	warm-ups	tenue d'entraînement
FI	warm-up stroking	poussée de réchauffement
GN	warm-up suit	survêtement d'échauffement
XC	warm-up track	piste d'échauffement
FR	warning signal	signal d'avertissement
HK	wash-out; washout	but refusé
HK	waved-off offside	hors-jeu annulé
SK	wax	fart

SK	wax (to)	mettre le fart; farter; faire le fartage
SK	wax holding	aptitude à retenir le fart; retenue du fart
SK	waxing cork	liège
XC	waxing room	salle de fartage
SK	wax scraper	grattoir de fart
HK	weak shot	lancer faible; tir faible
GN	weak side	côté faible
GN	wear (to) a racing number	porter un numéro de coureur
FR	wedge	chasse-neige
LG	wedge-shaped rail	patins en position de chasse-neige
GN	weighing; weighing-in; weigh-in	pesée (opération par laquelle on détermine le poids); pesage (détermination, mesure des poids)
BB	weighing machine	instrument de pesage (pour la pesée des engins)
GN	weight	poids
CL	weight	pesanteur
LG	weight allowance	poids maximum autorisé
BB	weight chart	tableau des poids
BB	weight control	contrôle de poids
SP	weight positioning	position du poids du corps; placement du poids du corps
GN	weight transfer; weight shift; weight change	transfert de poids; déplacement de poids; transfert du poids du corps; déplacement du poids du corps
FI	weight transfer; weight transference; unweighting	transfert du poids; transfert de poids
LG	weight vest	veste lestée
FR	well-balanced program(me)	programme bien équilibré
FR	well-packed slope	pente bien damée

FI	Westminster Waltz (dance)	Valse Westminster (danse)
LG	wheels training	entraînement en luge sur roues
HK	whistle	coup de sifflet
AL	White Circus (skiers, trainers, officials, organizers and sponsors of World Cup events)	Cirque blanc (skieurs, entraîneurs, officiels, organisateurs et commanditaires des épreuves de la Coupe du Monde)
CL	wick (to)	accrocher; effleurer
CL	wick; chip; rub	effleurement; frôlement; ricochet
CL	wick (to); chip (to); rub (to)	effleurer; frôler; ricocher
CL	wick and roll (to); chip and roll (to)	effleurer et rouler; ricocher et rouler
CL	wicked (a delivered rock)	accrochage
CL	wide (rock)	pierre large
HK	wide-open play	jeu ouvert
HK	wide pass	passe mal dirigée
HK	wide shot; off-target shot	lancer/tir à côté du but; lancer/tir qui manque de précision; tir/lancer raté
BB	width of runners	largeur des patins
BT	width of the firing points	largeur des lignes de tir
SJ	width of the inrun	largeur de la piste d'élan; largeur de l'élan
SJ	width of the landing slope at K	largeur de la zone de réception au point K; largeur de la piste de réception au point K
CL	width of the sheet	largeur de la glace; largeur de la piste
FI	Willow Waltz (dance)	Valse Willow (danse)
GN	win; victory	victoire
GN	win (to)	gagner; l'emporter
GN	windbreaker	blouson
SJ	wind conditions	état des vents

BT	wind flags	fanions indiquant la direction du vent; fanions indicateurs du sens du vent
SK	wind gauge; anemometer	anémomètre
SK	wind rose	rose des vents
FI	wind-up	tension
FI	wind-up (at the end of a spin)	rotation de sortie (à la fin d'une pirouette)
SK	wind velocity	vitesse du vent; vélocité du vent
SJ	wind-velocity meter	indicateur de vitesse du vent; anémomètre
HK	wing; side (left/right)	aile; flanc (gauche/droit(e))
HK	wing; winger (left/right)	ailier (gauche/droit)
HK	winning goal	but gagnant; but vainqueur
HK	winning streak	série de victoires
HK	win (to) the championship	gagner le championnat; remporter le championnat
HK	win (to) the playoffs	gagner les éliminatoires; remporter les éliminatoires
HK	wire face mask; birdcage	grille protectrice
GN	withdraw (to)	déclarer forfait; se retirer
GN	withdrawal	forfait; retrait
GN	withdraw (to) from a race; withdraw from an event	se retirer d'une course; se retirer d'une épreuve; se retirer d'une compétition
HK	withdraw (to)/backtrack (to)/come back (to) into one's territory/zone	se replier dans son territoire/sa zone
HK	withdraw the goaler/goalkeeper/goaltender/netminder; remove (to) the goaler/goalkeeper/goaltender/netminder	retirer le gardien de but
FI	wobbles (in tracing circles)	sinuosités (dans l'exécution d'un cercle)
CL	wobbler; tea kettle (said of a rock)	danseuse (se dit d'une pierre)

LG	women's singles; women's single seaters (should be "ladies"?...)	luge simple femmes
LG	women's start	départ femmes
GN	women's team	équipe féminine
SP	wood block; wood marker	bloc en bois; cône en bois
LG	wood runner; wooden runner	patin de bois
AL	Working Group for Disciplinary Standards	Groupe de travail pour les cas de discipline
GN	workout; practice	exercice
GN	work out (to); train (to); practise (to)	s'exercer; s'entraîner
GN	workshop (to repair bobs or luges)	atelier (de réparation des bobs ou des luges)
GN	World Championship(s)	Championnat(s) du monde; Championnat mondial (Championnats mondiaux)
DS	World Championships for the Disabled	Championnats mondiaux pour les handicapés
ST	world-class skater	patineur(euse) de niveau (de compétition) mondial
GN	world competition	compétition mondiale
SK	World Cup	Coupe du Monde
SK	World Cup competition	épreuve de la Coupe du Monde
FR	World Cup Freestyle Grand Prix	Grand Prix de la Coupe du Monde de ski acrobatique
FR	World Cup Freestyle Tour	Circuit de la Coupe de Monde de ski acrobatique
SK	World Cup (individual) standings	classement de la Coupe du Monde
SK	World Cup nations' standings	classement de la Coupe du Monde par nation
FI	World Figure Skating Championships	Championnats du monde de patinage artistique (parfois utilisé : les Mondiaux de patinage artistique)
BB	World Four-Man Championships	Championnats du monde de bob à quatre

SP	World Indoor Short Track Championships	Championnats mondiaux sur courte piste intérieure
SP	World Indoor Short Track Speed Skating Championships	Championnats mondiaux de patinage de vitesse sur courte piste intérieure
SP	World Junior Speed Skating Championships	Championnats du monde junior de patinage de vitesse
XC	Worldloppet	Worldloppet
GN	world record	record mondial; record du monde (performance)
BB	World Two-Man Championships	Championnats du monde de bob à deux
GN	World University Winter Games; Winter Universiade	Jeux mondiaux universitaires d'hiver (appellation officielle); Jeux universitaires mondiaux d'hiver (appellation recommandée); Universiade d'hiver
HK	wrist shot	lancer des poignets; tir des poignets
SK	wrist-strap; strap	dragonne; sangle
GN	written appeal	demande en appel écrite
GN	written protest	prôtet écrit (Canada); réclamation écrite (Europe)
GN	written warning	avertissement écrit
BT	wrong target	panneau de tir litigieux; fausse cible

X

XC	x-c; x-c skiing; cross-country skiing	ski de fond
XC	x-c ski trail; cross-country ski trail	piste de ski de fond

y

FI	Yankee Polka (dance)	Polka Yankee (danse)
FR	yellow-and-red card system	système de cartes jaunes et rouges
GN	yellow flag (speed skating or alpine skiing)	drapeau jaune (patinage de vitesse ou ski alpin)
AL	yellow zone	zone jaune

z

ST	Zamboni ice machine; zamboni; ice machine	resurfaceuse de glace; resurfaceuse
BT	zeroing; sighting	tirs d'essai
HK	zone; territory	territoire; zone
FR	Zudnick (aerial jump)	Zudnik (saut)

BT	.22 calibre rimfire rifle	carabine de calibre .22 utilisant des cartouches à percussion annulaire
FI	0 = not skated	0 = non patiné
FI	1/2 loop; half loop (a jump)	saut de demi-boucle; demi-boucle
FI	1/2 toe loop; half toe loop; one-half toe loop	saut de demi-boucle piqué; demi-boucle piqué
FI	1/2 turn; half turn; one-half turn	demi-révolution
FI	1 = very bad	1 = très mauvais
FI	1 1/2 loop	saut de boucle et demie; boucle et demie
FI	1 1/2 Salchow; one-and-a-half Salchow	Salchow et demi
FI	2 = bad	2 = mauvais
FR	2-Ski 360 degrees (takeoff in ballet)	360 degrés sur 2 skis (envol en ballet)
FI	3 = pass; mediocre	3 = médiocre

DS	3-track (a); 3-track skier	3-traces (un(e)); skieur(euse) à 3 traces
DS	3-track skiing; 3-track ski (1 ski and 2 outriggers)	ski à 3 traces (1 ski et 2 bâtons d'appui)
DS	3-track-skiing demonstrator; 3-track demonstrator	démonstrateur(trice) de ski à 3 traces
ND	3 x 10 km relay race	course de relais 3 x 10 km
ND	3 x 10 km team relay cross-country — team event	fond 3 x 10 km — épreuve par équipe
FI	3/4 mark of the circle	troisième quart du cercle; marque du troisième quart du cercle
FI	3/4 turn; three-quarter turn	trois quarts de révolution
FI	4 = good	4 = bien
CL	4-foot ring	cercle de 4 pieds
DS	4-track (a); 4-track skier	4-traces (un(e)); skieur(euse) à 4 traces
DS	4-track skiing; 4-track ski (2 skis and 2 outriggers)	ski à 4 traces (2 skis et 2 bâtons d'appui)
DS	4-track-skiing demonstrator; 4-track skiing demonstrator	démonstrateur(trice) de ski à 4 traces
DS	4-tracking (by a rotation of the hips and upper body)	ski à 4 traces (par rotation des hanches et du haut du corps)
XC	4 x 10 km — men; men's 4 x 10 km; 4 x 10 km relay — men; men's 4 x 10 km relay (an event)	4 x 10 km — hommes; fond hommes 4 x 10 km; relais 4 x 10 km — hommes; fond hommes relais 4 x 10 km (une épreuve)
XC	4 x 5 km — ladies; ladies' 4 x 5 km; 4 x 5 km relay — ladies; ladies' 4 × 5 km relay (an event)	4 x 5 km — femmes; fond femmes 4 x 5 km; relais 4 x 5 km — femmes; fond femmes relais 4 x 5 km (une épreuve)
BT	4 x 7.5 km relay biathlon (an event)	biathlon relais 4 x 7,5 km (une épreuve)
FI	5 = very good	5 = très bien
XC	5-km course — ladies	piste de 5 km — femmes

XC	5 km — ladies; ladies' 5 km (an event)	5 km — femmes; fond femmes 5 km (une épreuve)
XC	5-km relay course — ladies	piste de 5 km pour le relais — femmes
ND	5-km round course	parcours circulaire de 5 km
FI	5-step lobe (in ice dancing)	lobe de 5 pas (en danse sur glace)
FI	6 = faultless and perfect	6 = sans faute et parfait
CL	8-foot ring	cercle de 8 pieds
BT	10 km biathlon (an event)	biathlon 10 km (une épreuve)
XC	10-km course — ladies	piste de 10 km — femmes
XC	10 km — ladies; ladies' 10 km (an event)	10 km — femmes; fond femmes 10 km (une épreuve)
XC	10-km relay course — men	piste de 10 km pour le relais — hommes
CL	12-foot ring	cercle de 12 pieds
XC	15-km course — men	piste de 15 km — hommes
ND	15-km cross-country course (nordic combined)	parcours de ski de fond de 15 km (combiné nordique); piste de ski de fond de 15 km (combiné nordique)
ND	15 km cross-country — individual event	fond 15 km — épreuve individuelle
XC	15 km — men; men's 15 km (an event)	15 km — hommes; fond hommes 15 km (une épreuve)
BT	20 km biathlon (an event)	biathlon 20 km (une épreuve)
XC	20-km course — ladies	piste de 20 km — femmes
XC	20 km — ladies; ladies' 20 km (an event)	20 km — femmes; fond femmes 20 km (une épreuve)
SJ	20-seconds starting period	délai de 20 secondes avant le départ
XC	30-km course — men	piste de 30 km — hommes
XC	30 km — men; men's 30 km (an event)	30 km — hommes; fond hommes 30 km (une épreuve)

BT	32-target firing range	champ de tir de 32 postes
XC	50-km course — men	piste de 50 km — hommes
XC	50 km — men; men's 50 km (an event)	50 km — hommes; fond hommes 50 km (une épreuve)
SJ	70-m hill; 70-m jumping hill	tremplin de 70 m
SJ	70-m ski jump; 70-m jump	saut de 70 m
ND	70-m ski jump — individual event	saut au tremplin de 70 m — épreuve individuelle
SJ	70-m ski jump — individual event	saut au tremplin de 70 m — épreuve individuelle
ND	70-m team ski jump — team event (3 jumps by 3 jumpers per team)	saut au tremplin de 70 m — épreuve par équipe (3 sauts par 3 sauteurs par équipe)
SJ	90-m hill; 90-m jumping hill	tremplin de 90 m
SJ	90-m ski jump; 90-m jump	saut de 90 m
SJ	90-m ski jump — individual event	saut au tremplin de 90 m — épreuve individuelle
SJ	90-m ski jump — team event (4 jumper team)	saut au tremplin de 90 m — épreuve par équipe (équipe de 4 sauteurs)
FR	360, 540, 720, etc. degrees (ballet jump)	saut de 360, 540, 720, etc. degrés (saut en ballet); un 360, 540, 720, etc. degrés
FR	720 degrees Re-Cross Inside Axel (ballet)	Axel intérieur avec rotation 720 degrés, skis croisés et recroisés (ballet)
FR	720 degrees Staycross (ballet)	Staycross 720 degrés (ballet)
FR	720 degrees Thumper (ballet)	Thumper 720 degrés (ballet)

Index français / French Index

a

b

C

d

e

g

h

j

k

l

m

n

O

p

q

r

S

t

u

W

Z

Bibliographie / Bibliography

A. DICTIONNAIRES ET OUVRAGES GÉNÉRAUX / DICTIONARIES AND GENERAL

English

The Encyclopedia of Sports Talk. Ed. by Zander Hollander. New York: Corwin Books, c1976, xi, 276 p.

Gage Canadian Dictionary. By Walter S. Avis, et al. Rev. Toronto: Gage Publ. Co., c1983, xxx, 1313 p.

Sports Encyclopedia. New York: Westport, 1973, 256 p.

Webster's Sports Dictionary. Springfield, Mass.: Merriam, c1976, 8a, 503 p.

Français

Dictionnaire nord-américain de la langue française. Par Louis-Alexandre Bélisle. Éd. ent. réf. Montréal: Beauchemin, c1979, 1196 p.

Brahic, H. et Y. Jeanbrau. *Guide des sports*. Avec la collab. de P. Courtois. Paris: Larousse, 1967, 196 p.

Champion. Vanier, Ont.: Game Plan Information Office in cooperation with Sport Canada and the National Sport and Recreation Centre, v. 1— , no. 1— , Dec. 1977—
Irregular.
English, French.

Clare, Michel. *Le monde merveilleux des sports d'hiver*. Paris: Hachette, c1968, 189 p.

Comité International Olympique. *Sarajevo '84*. Dir. par Goran Takac. Lausanne, CH: C.I.O., c1984, 206 p.

D'Amours, Yvan et Germain Thériault. *La sécurité dans les sports: prévention des blessures et premiers soins*. Québec: Régie de la sécurité dans les sports du Québec, 1985, xi, 126 p.

Dictionnaire alphabétique et analogique de la langue française. Par Paul Robert, réd. dir. par A. Rey et J. Rey-Debove. Nouv. éd. rev., corr. et mise à jour pour 1985. Paris: Le Robert, c1984, xxxi, 2171 p.

Dictionnaire des difficultés de la langue française au Canada. Par Gérard Dagenais. 2e éd. Boucherville, Qué.: Éditions françaises, 1984, xv, 522 p.

Dictionnaire encyclopédique des sports, des sportifs et des performances. Par Bernard Le Roy. Paris: Éditions Denoël, c1973, 863 p.

Le Droit. Ottawa: 27 mars, 1913— . Quotidien.

Encyclopédie des sports. Publié sous la dir. de Jean Dauven, avec la collab. de Henry Aujard, et al. Paris: Larousse, 1961, 582 p.

Expédition. Longueuil, Qué.: s.n., avril/mai 1982— . Bimestriel.

Le Groupe Diagram. *Le grand livre des sports: règlements, aspects techniques, équipement, tactiques, infractions*. La version franç. a été réalisée par Gérard Cuggia, Gabriel B. Duguay et Micheline Pellégrino. Montréal: Éditions de l'Homme, 1985, 455 p. Traduction de: *The Rule Book*.

Le guide Marabout de tous les sports. Présenté par Jean Corhumel et Jean-Marie Sandron. Verviers, BE: Éditions Gérard, 1970, 416 p. (Marabout service, 136)

Messmeur, Roland et Dr Gérard Porte. *Guide de la forme et des sports*. Paris: Larousse, c1985, 95 p.

La Presse. Montréal: 20 oct. 1884— . Quotidien.

Le Robert des sports: dictionnaire de la langue des sports. Par Georges Petiot. Paris: Le Robert, c1982, xxiv, 553 p.

Bilingue / Bilingual

Busch, R.L. and Hans J. Bergman, ed. *Multilingual Lexicon for Universiade Sports: English, Français, Espanol, Deutsch, Russian*. Assoc. ed., Kyril T. Holden and Paul Figueroa. Edmonton: University of Alberta Press, c1983, xix, 316 p.

Calgary 1988 Olympic Winter Games. *Facts and Information/Faits et renseignements*. Calgary: XV Olympic Winter Games Organizing Committee, 1987, 51 p.

Canada. Bureau des traductions. *Lexique de la condition physique et du sport amateur/A Glossary on Fitness and Amateur Sport*. Version provisoire. Ottawa: Condition physique et sport amateur, 1985?, pagination multiple.

Canada at the Olympics, 1984/Le Canada aux Jeux olympiques de 1984. Produced by External Affairs Canada with the cooperation of Fitness and Amateur Sport Canada. n.p.: n.p., 1984?

Dubuc, Robert. « Vocabulaire de l'équipement sportif de protection. » In: *C'est-à-dire*. v. XIV, no 1, 1982, 21 p.
Anglais, français.

Robert-Collins dictionnaire français-anglais, anglais-français/Collins-Robert French-English, English-French Dictionary. Avec la collab. du comité du Robert, sous la présidence de Paul Robert, by Beryl T. Atkins, et al. Paris: Société du Nouveau Littré; Toronto: Collins, 1978, xxvii, 717, 781 p.

B. DISCIPLINES SPORTIVES / SPORTS

BOBSLEIGH / BOBSLEIGH

English

Fédération internationale de bobsleigh et de tobogganing. *Articles of Association, International Rules 1985.* Milano, IT: FIBT, 1985?, various pagings.

Français

Christaud, Jacques. *Le bobsleigh.* Avec la collab. de Daniel Daneyrolles. Paris: Éditions Chiron, c1980, 97 p.

CURLING / CURLING

English

Canadian Curling Association. *Curling Rule Book.* Vanier, Ont.: CCA, 1985, 30 p.
Published also in French under the title: *Guide sur le curling.*

Hansen, Warren. *Novice Manual.* Ottawa: Curl Canada, 1982, 41 p.
Published also in French under the title: *Le manuel novice.*

Lukowich, Ed., Rick Folk and Paul Gowsell. *The Curling Book: With Tips for Beginners and Experts.* Saskatoon: Western Producer Prairie Books, c1981, xiii, 120 p.
Published also in French under the title: *Le curling: un guide pour les débutants et les experts.*

Thiessen, Roy D. *Curling Handbook for Curlers, Teachers & Coaches.* Saanichton, B.C.; Toronto: Hancock House, c1977, 89 p.

Watson, Ken. *Curling at a Glance.* Montreal: Macdonald Tobacco, n.d., 32 p.
Published also in French under the title: *Curling en bref.*

Français

Association canadienne de curling. *Guide sur le curling.* Vanier, Ont.: ACC, 1985, 31 p.
Publié aussi en anglais sous le titre: *Curling Rule Book.*

Lukowich, Ed. *Le curling: un guide pour les débutants et les experts.* Trad. de l'angl. par Jacques Vaillancourt. Montréal: Éditions de l'Homme, c1985, 224 p.
Traduction de: *The Curling Book: With Tips for Beginners and Experts.*

Watson, Ken. *Curling en bref.* 6e éd. Montréal: Macdonald Tobacco, s.d., 32 p.
Traduction de: *Curling at a Glance.*

HOCKEY SUR GLACE / ICE HOCKEY

English

Canadian Amateur Hockey Association. *Official Rule Book*. Vanier, Ont. : C.A.H.A., 1983, 96 p.
Published also in French under the title: *Règles de jeu officielles*.

Français

Association canadienne de hockey amateur. *Règles de jeu officielles*. Vanier, Ont. : A.C.H.A., 1983, 104 p.
Publié aussi en anglais sous le titre: *Official Rule Book*.

Bilingue / Bilingual

Dallaire, Pierre. *Lexique des termes de hockey: français-anglais, anglais-français*. Ottawa: Éditions Leméac, c1983, 155 p.

LUGE / LUGE

English

International Luge Racing Federation. *IRO: International Luge Racing Regulations*. 1985 ed. n.p.: FILC, 1985.

Poscente, Vince, et al. *The Sport of Luge*. Calgary: Alberta Amateur Luge Association, 1986, 48 p.

PATINAGE / SKATING

PATINAGE ARTISTIQUE / FIGURE SKATING

English

Arnold, Richard. *Ice Skating Made Easy.* Toronto: Coles, c1979, 96 p.

Canadian Figure Skating Association. *Figure Skating Coaching Certification Program: Level I*. Figure Skating Coaches of Canada. Vanier, Ont.: C.F.S.A.; F.S.C.C., c1980, iv, 261 p.
Published also in French under the title: *Programme de certification des entraîneurs de patinage artistique: niveau I*.

Canadian Figure Skating Association. *Figure Skating Coaching Certification Program: Level II*. Figure Skating Coaches of Canada. Vanier, Ont.: C.F.S.A.; F.S.C.C., c1982, v, 310 p.
Published also in French under the title: *Patinage artistique: programme de certification des entraîneurs: niveau II*.

Canadian Figure Skating Association. *Official Rulebook*. 1984 rev. ed. Ottawa: C.F.S.A., 1984— , 1 v. (loose-leaf)
Published also in French under the title: *Règlements officiels.*

International Skating Union. *Regulations*. Davos Platz, CH: ISU, 1986.

International Skating Union. *Regulations for Ice Dancing*. Davos Platz, CH: ISU, 1986.

Français

Association canadienne de patinage artistique. *Programme de certification des entraîneurs de patinage artistique: niveau 1*. Entraîneurs de patinage artistique du Canada. Vanier, Ont.: A.C.P.A.; E.P.A.C., c1980, iv, 261 p.
Publié aussi en anglais sous le titre: *Figure Skating Coaching Certification Program: Level I.*

Association canadienne de patinage artistique. *Patinage artistique: programme de certification des entraîneurs: niveau II*. Association des entraîneurs canadiens en patinage artistique. Vanier, Ont.: A.C.P.A.; A.E.C.P., c1982, v, 310 p.
Publié aussi en anglais sous le titre: *Figure Skating Coaching Certification Program: Level II.*

Association canadienne de patinage artistique. *Règlements officiels*. Éd. rev. de 1984. Vanier, Ont.: A.C.P.A., 1984— , 1 v. (f. mobiles)
Publié aussi en anglais sous le titre: *Official Rulebook.*

Canada. Direction de la santé et du sport amateur. *Le patinage artistique*. Ottawa: Ministère de la santé nationale et du bien-être social, 1964, 109 p.

PATINAGE DE VITESSE / SPEED SKATING

English

Canadian Amateur Speed Skating Association. *Coaching Certification Program: Level 1 Manual/Programme de certification des entraîneurs: manuel niveau 1*. Principal author, Tom Overend. Vanier, Ont.: C.A.S.S.A., 1978, viii, 164 p.
Text in English.

Canadian Amateur Speed Skating Association. *Procedures and Regulations*. Rev. ed. Vanier, Ont.: C.A.S.S.A., 1986, various pagings.
Published also in French under the title: *Procédés et règlements.*

Français

Association canadienne de patinage de vitesse amateur. *Entraînement de base pour le patinage de vitesse*. Réalisé par Per A. Jansen. Vanier, Ont.: A.C.P.V.A., 1966, 35 p.

Association canadienne de patinage de vitesse amateur. *Procédés et règlements*. Éd. rev. Vanier, Ont.: A.C.P.V.A., 1986, pagination multiple.
Publié aussi en anglais sous le titre: *Procedures and Regulations.*

Association canadienne de patinage de vitesse amateur. *Programme de certification des entraîneurs : manuel niveau 1/Coaching Certification Program: Level 1 Manual*. Auteur principal, Tom Overend. Vanier, Ont. : A.C.P.V.A., 1978, ix, 175 p.
Texte en français.

Bilingue / Bilingual

Association canadienne de patinage de vitesse amateur. *Lexiques, glossaires et listes de termes établis par l'A.C.P.V.A. pour usage interne*. Vanier, Ont. : A.C.P.V.A., s.d.
Anglais, français.
Document interne.

SKI — GÉNÉRAL / SKIING — GENERAL

English

International Ski Federation. *International Ski Competition Rules (ICR)*. Bern, CH : FIS, 1983.

Pfeiffer, Doug. *Skiing Simplified*. In collab. with the ed. of Skiing Magazine. New York : Grosset & Dunlap, c1970, 200 p.

Français

Dictionnaire du ski. Par Jacques Gautrat. Paris : Éditions du Seuil, c1969, 256 p. (Collection Microcosme. Dictionnaires, 6)

Lang, Serge. *Le ski et autres sports d'hiver*. Paris : Larousse, c1967, 415 p.

SKI ALPIN / ALPINE SKIING

English

International Ski Federation. *The International Ski Competition Rules (ICR), Book IV : Joint Regulations, Downhill, Slalom, Giant Slalom, Parallel Races, Combined Alpine Competitions*. Bern, CH : FIS, c1983, iv, 99 p.
Published also in French under the title : *Les règlements des concours internationaux du ski, (RIS), livre IV : Descente, slalom, slalom géant, épreuves parallèles, combinées*.

Français

Fédération internationale de ski. *Les règlements des concours internationaux du ski (RIS), livre IV : Descente, slalom, slalom géant, épreuves parallèles, combinées*. Berne, CH : FIS, 1983, iv, 108 p.
Publié aussi en anglais sous le titre : *The International Ski Competition Rules (ICR), Book IV : Joint Regulations, Downhill, Slalom, Giant Slalom, Parallel Races, Combined Alpine Competitions*.

Bilingue / Bilingual

Fédération internationale de ski. *Reglement und Austragungsmodus 1983/84 des Alpinen Weltcup/Règlement et formule 1983/84 de la coupe du monde alpin/Rules and Formula 1983/84 for the Alpine World Cup*. Berne, CH: FIS, 1983, pagination multiple.

BIATHLON / BIATHLON

English

International Union of Modern Pentathlon and Biathlon. *Biathlon Competition Rules*. Vanier, Ont.: Biathlon Canada, 1984, 104 p.
Published also in French under the title: *Règlement pour les compétitions de biathlon*.

Français

Union internationale de pentathlon moderne & biathlon. *Règlement pour les compétitions de biathlon*. Vanier, Ont.: Biathlon Canada, 1984, 143 p.
Publié aussi en anglais sous le titre: *Biathlon Competition Rules*.

SKI DE FOND / CROSS-COUNTRY SKIING

English

Baldwin, Edward R. *The Cross-Country Skiing Handbook: A Detailed Instruction Book on Cross-Country Ski Touring for Both Beginners and Experts*. Toronto: Pagurian Press, c1979, 159 p.

Brady, M. Michael. *Nordic Touring and Cross Country Skiing*. 3rd rev. ed. Oslo, NO: Dreyer, 1972, 93 p.

Caldwell, John. *The Cross-Country Ski Book*. 7th ed. Brattleboro, Vt.: Stephen Greene Press, 1984, xi, 180 p.

Cross Country Canada. *Cross Country Rules and Regulations*. Rev. Vanier, Ont.: C.C.C., 1985, 17 p.

International Ski Federation. *The International Ski Competition Rules (ICR), Book II: Joint Regulations, Cross-Country and Nordic Combined Competions* [*sic*]. Bern, CH: FIS, 1983, iii, 53 p.
Published also in French under the title: *Les règlements des concours internationaux du ski (RIS), livre II: Fond, combiné nordique*.

Rees, David. *Cross-Country Skiing: Touring and Competition*. Rev. ed. Toronto: Copp Clark, 1977, 207 p.

Français

Corcoran, Malcolm. *Fartage de ski de fond: guide complet, comprenant plus de 80 photos et illustrations*. Laval, Qué.: Guy Saint-Jean, 1983, 101 p.

Fédération internationale de ski. *Les règlements des concours internationaux du ski (RIS), livre II: Fond, combiné nordique*. Berne, CH: FIS, 1983, iii, 57 p.
Publié aussi en anglais sous le titre: *The International Ski Competition Rules (ICR), Book II: Joint Regulations, Cross-Country and Nordic Combined Competions* [*sic*].

Gillette, Ned. *Le ski de fond*. En collab. avec John Dostal. Trad. par Richard Grenier. Laprairie, Qué.: Éditions Marcel Broquet, 1982, 221 p.
Traduction de: *Cross-Country Skiing*.

Roy, Benoît et Bernard Voyer. *Le ski de fond: technique, biomécanique et préparation physique*. Montréal: Éditions de l'Homme, c1983, 219 p.

SKI POUR HANDICAPÉS / DISABLED SKIING

English

Canadian Association for Disabled Skiing. *CADS' Demonstration at Interski*. Kimberley, B.C.: CADS, 1987.
Internal document.
Also available in French under the title: *La démonstration de CADS à Interski*.

Canadian Association for Disabled Skiing. *Glossary and Illustrated Text on Special Equipment for Disabled Skiers*. Kimberley, B.C.: CADS, n.d., 23 l.
Internal Document.

Français

Association canadienne des skieurs handicapés. *La démonstration de CADS à Interski*. Kimberley, B.C.: 1987.
Document interne.
Disponible en anglais sous le titre: *CADS' Demonstration at Interski*.

SKI ACROBATIQUE / FREESTYLE SKIING

English

Canadian Ski Association. Freestyle Discipline. *Freestyle Coaching Certification: Level II*. Vanier, Ont.: CSA, c1984, 152 p.
Published also in French under the title: *Certification des entraîneurs de ski acrobatique: niveau II*.

International Ski Federation. *International Rules for Freestyle Skiing Competitions*. Bern, CH: FIS, n.d., 93 p.

Français

Association canadienne de ski. Discipline ski acrobatique. *Certification des entraîneurs de ski acrobatique: niveau II.* Vanier, Ont.: ACS, c1984, 145 p.
Publié aussi en anglais sous le titre: *Freestyle Coaching Certification: Level II.*

COMBINÉ NORDIQUE / NORDIC COMBINED

English

International Ski Federation. *The International Ski Competition Rules (ICR), Book II: Joint Regulations, Cross-Country and Nordic Combined Competions* [*sic*]. Bern, CH: FIS, c1983, iii, 53 p.
Published also in French under the title: *Les règlements des concours internationaux du ski, livre II: Fond, combiné nordique.*

International Ski Federation. *The International Ski Competition Rules (ICR), Book III: Joint Regulations, Ski Jumping, Ski Flying, Nordic Combined Competions* [*sic*]. Bern, CH: FIS, c1983, iv, 75 p.
Published also in French under the title: *Les règlements des concours internationaux du ski (RIS), livre III: Saut, vol à ski, combiné nordique.*

Français

Fédération internationale de ski. *Les règlements des concours internationaux du ski (RIS), livre II: Fond, combiné nordique.* Berne, CH: FIS, c1983, iii, 57 p.
Publié aussi en anglais sous le titre: *The International Ski Competition Rules (ICR), Book II: Joint Regulations, Cross-Country and Nordic Combined Competions* [*sic*].

Fédération internationale de ski. *Les règlements des concours internationaux du ski (RIS), livre III: Saut, vol à ski, combiné nordique.* Berne, CH: FIS, c1983, iv, 77 p.
Publié aussi en anglais sous le titre: *The International Ski Competition Rules (ICR), Book III: Joint Regulations, Ski Jumping, Ski Flying, Nordic Combined Competions* [*sic*].

SAUT À SKI / SKI JUMPING

English

International Ski Federation. *The International Ski Competition Rules (ICR), Book III: Joint Regulations, Ski Jumping, Ski Flying, Nordic Combined Competions* [*sic*]. Bern, CH: FIS, c1983, iv, 75 p.
Published also in French under the title: *Les règlements des concours internationaux du ski (RIS), livre III: Saut, vol à ski, combiné nordique.*

Français

Fédération internationale de ski. *Les règlements des concours internationaux du ski (RIS), livre III: Saut, vol à ski, combiné nordique.* Berne, CH: FIS, c1983, iv, 77 p.
Publié aussi en anglais sous le titre: *The International Ski Competition Rules (ICR), Book III: Joint Regulations, Ski Jumping, Ski Flying, Nordic Combined Competions* [*sic*].

Autres publications du Bureau des traductions

Bulletins de terminologie

- Administration municipale
- Archéologie
- Astronautique
- Barrages
- Bateaux et engins de pêche
- Biotechnologie végétale
- Budgétaire, comptable et financier (vocabulaire)
- Déchets solides
- Dictionnaire contextuel anglais—français de dépoussiérage industriel
- Divisions stratigraphiques, géomorphologiques et orogéniques du Canada
- Élections
- Électrotechnique
- Fiscalité
- Génériques en usage dans les noms géographiques du Canada
- Ichtyologie
- La serrurerie
- Le cuivre et ses alliages
- Logement et sol urbain
- Loisirs et parcs
- Médecine
- Police
- Précipitations acides et pollution atmosphérique
- Services sociaux et services de santé
- Titres de lois fédérales
- Transports urbains

Other Translation Bureau Publications

Terminology Bulletins

- Acid Precipitation and Air Pollution
- Archaeology
- Astronautics
- Boats and Fishing Gear
- Budgetary, Accounting and Financial Vocabulary
- Copper and its Alloys
- Dams
- Door Locks and Fastenings
- Elections
- Electrotechnics
- English-French Contextual Dictionary of Industrial Dust Control
- Generic Terms in Canada's Geographical Names
- Health and Social Services
- Housing and Urban Land
- Ichthyology
- Medicine
- Municipal Administration
- Parks and Recreation
- Plant Biotechnology
- Police force
- Solid Waste
- Stratigraphical Geomorphological and Orogenic Divisions of Canada
- Taxation
- Titles of Federal Acts
- Urban Transportation

Collection Lexique

- Bureautique
- Citoyenneté
- Classification et rémunération
- Comptabilité
- Diplomatie
- Dotation en personnel
- Économie
- Enseignement postsecondaire
- Expressions usuelles des formulaires
- Finance
- Fournitures de bureau
- Gestion
- Gestion des documents
- Industries graphiques
- Informatique
- Pensions
- Planification de gestion
- Pluies acides
- Procédure parlementaire
- Régimes de travail
- Relations du travail
- Réunions
- Services sociaux

Glossary Series

- Accounting
- Acid Rain
- Citizenship
- Classification and Pay
- Common Phrases on Forms
- Diplomacy
- Economics
- Electronic Data Processing
- Finance
- Graphic Arts
- Labour Relations
- Management
- Management Planning
- Meetings
- Office Automation
- Office Supplies
- Parliamentary Procedure
- Pensions
- Postsecondary Education
- Records Management
- Social Services
- Staffing
- Work Systems

Langue et traduction

Language and Translation

- Aide-mémoire d'autoperfectionnement à l'intention des traducteurs et des rédacteurs
- Guide du rédacteur de l'administration fédérale
- Guide du réviseur
- The Canadian Style: A Guide to Writing and Editing
- Vade-mecum linguistique

L'Actualité terminologique

Bulletin d'information portant sur la recherche terminologique et la linguistique en général. (Abonnement annuel, 6 numéros)

On peut se procurer toutes les publications en écrivant à l'adresse suivante :

Centre d'édition du gouvernement du Canada
Approvisionnements et Services Canada
Ottawa (Ontario)
K1A 0S9
tél. : (819) 997-2560

ou par l'entremise des agents agréés ou de votre libraire.

Terminology Update

Information bulletin on terminological research and linguistics in general. (Annual subscription, 6 issues)

All publications may be obtained at the following address:

Canadian Government Publishing Centre
Supply and Services Canada
Ottawa, Ontario
K1A 0S9
tel.: (819) 997-2560

or through authorized bookstore agents or your local bookseller.